PETER CARSTENS

DAS KLIMA PARADOX

PETER CARSTENS

DAS KLIMA PARADOX

Warum wir lieber im Chaos versinken, als das Klima zu schützen

riva

Bibliografische Information der Deutschen Nationalbibliothek
Die Deutsche Nationalbibliothek verzeichnet diese Publikation in der Deutschen Nationalbibliografie. Detaillierte bibliografische Daten sind im Internet über http://d-nb.de abrufbar.

Für Fragen und Anregungen
info@rivaverlag.de

Originalausgabe
1. Auflage 2020

Nymphenburger Straße 86
D-80636 München
Tel.: 089 651285-0
Fax: 089 652096

Redaktion: Dr. Annalisa Viviani
Umschlaggestaltung: Marc-Torben Fischer
Umschlagabbildung: Photobank gallery/Shutterstock.com
Abbildungen im Innenteil: © World Wide Fund For Nature (WWF), Living Planet Report 2018 (Diagramme); bodom/Shutterstock.com (Foto)
Satz: Helmut Schaffer, Hofheim a. Ts.
Druck: CPI books GmbH, Leck
Printed in Germany

ISBN Print 978-3-7423-1257-0
ISBN E-Book (PDF) 978-3-7453-0947-8
ISBN E-Book (EPUB, Mobi) 978-3-7453-0948-5

Inhalt

9 Punkte für das Klima

1. Seien Sie ehrlich. Auch zu sich selbst.
2. Die 4-Grad-Welt ist nicht lustig …
3. … aber niemand muss »das Klima« (oder »die Welt«) retten.
4. Lassen Sie Trauer zu.
5. Gehen Sie demonstrieren …
6. … am besten für Klimagerechtigkeit, für maximal 1 Tonne CO_2 pro Kopf, für die 2000-Watt-Gesellschaft etc.
7. Lassen Sie sich nicht einreden, Sie könnten nichts tun.
8. Verbünden Sie sich mit Menschen, denen man nicht erst alles erklären muss.
9. Seien Sie die Veränderung, die Sie in der Welt sehen möchten.

Wer steht denn da auf dem Schlauch?

Alle wollen das Klima schützen. Aber manchmal wundert man sich doch:

- Zeitungen und Nachrichtenportale schreiben um die Wette über »Flugscham«. Trotzdem wird immer mehr geflogen. Und zwar ganz unverschämt: In Deutschland berappen nicht einmal 1 Prozent aller Flugreisenden die paar Extra-Euro für schadensbegrenzende Klimaschutzmaßnahmen.[1]
- Vor der Internationalen Automobil-Ausstellung (IAA) in Frankfurt protestierten im September 2019 etwa 25 000 Menschen für eine nachhaltige Mobilität und gegen Großstadtdschungel-Geländewagen. Trotzdem verdient sich die Industrie eine goldene Nase an SUVs: Mittlerweile ist schon jede dritte Neuzulassung ein rollender Ego-Booster.[2] Tendenz: steigend.
- Ebenfalls im September 2019 strömen in Deutschland 1,4 Millionen Menschen auf die Straßen, um von der Regierung mehr Engagement für das Klima zu fordern. Die präsentiert am selben Tag ihr sogenanntes Klimapaket. Nachdem er

> sich einen Einblick verschafft hatte, bezeichnete der Klimaforscher Mojib Latif es als »Sterbehilfe fürs Klima«.

Irgendetwas passt da nicht zusammen. Haben die Regierung und die Wirtschaft nicht verstanden, was auf dem Spiel steht? Oder hat die Gesellschaft etwas falsch verstanden? Stehen wir[3] vielleicht alle, jede und jeder Einzelne von uns, auf dem Schlauch, mit dem wir den Brand löschen wollten?

Auch wenn das Erdklima heute so viel mediale Aufmerksamkeit bekommt wie nie zuvor, auch wenn das Thema mittlerweile wahlentscheidend ist – die oben genannten Beispiele lassen sich beliebig fortsetzen. Und sie zeigen, dass auch wir Bürgerinnen und Bürger uns widersprüchlich verhalten, wenn wir shoppen gehen oder unseren nächsten Urlaub buchen. Das ist nicht nur so ein Gefühl. Es zeigt sich auch ganz nüchtern in der Statistik.

Freiwillige vor: Wer will Klimagerechtigkeit?

Jede/r Deutsche erzeugt im Schnitt fast 12 Tonnen klimaschädliche Gase.[4] Klar: Manche haben ein Vielfaches davon auf der Uhr, andere viel weniger.[5] Insgesamt aber stagniert dieser Durchschnittswert schon seit Jahren auf hohem Niveau. Die Ursachen liegen auf der Hand: Wir fahren und fliegen zu viel herum, wir haben zu große Wohnungen (die sechs Monate im Jahr geheizt werden müssen, meist mit Öl oder Gas), wir kaufen zu viel Plastik-, Elektro- und Nahrungsmittelschrott aus aller Herren Länder. Im internationalen Vergleich gehören wir damit zu den unrühmlichen Spitzenreitern. Aber die Amerikaner sind noch viel schlimmer? Stimmt: Die USA liegen mit fast 16 Tonnen (nur CO_2) noch weiter vorn. Wenn wir es ernst meinen mit dem Klima, sollten wir uns daran allerdings nicht orientieren.

1 Tonne CO_2 (das entspricht einem Hin- und Rückflug von Hamburg nach Kreta): So viel dürfte jeder Erdenbürger höchstens pro Jahr in die Atmosphäre entsorgen, ohne dass das Klimasystem kollabiert. Die Idee dahinter ist die der Klimagerechtigkeit. Zu Ende gedacht, ist sie wahrscheinlich revolutionärer als alles, wofür Menschen jemals auf die Straße gegangen sind – oder sogar ihr Leben riskiert haben.

So richtig schlüssig hat diese Frage noch niemand beantwortet: Mit welchem Recht sollten wir Bewohner der reichen Nationen ein Vielfaches der Emissionen ärmerer Länder in die Atmosphäre blasen? Gase, von denen wir heute wissen, dass sie nicht einfach nur die Atmosphäre aufheizen; sondern die dazu führen werden, dass Hunderte Millionen Menschen ihre Heimat verlassen müssen. (Und zwar vor allem Menschen – das ist das Zynische an der Tragödie –, die selbst am wenigsten zum Temperaturanstieg beigetragen haben.) Dass ganze Inseln und Küsten verschwinden, Wüsten sich ausbreiten, Brunnen versiegen, Äcker versalzen. Dass Tier- und Pflanzenarten für immer verschwinden. Was berechtigt uns, den Planeten in ein Wirklichkeit gewordenes Endzeitszenario zu verwandeln?

So viel ist klar: Danach gefragt, würde wohl niemand zugeben, die Erde in eine Wirklichkeit gewordene Dystopie verwandeln zu wollen. Auch nicht Donald Trump oder der Chef irgendeines Kohlekonzerns. Und doch wird das Ergebnis unseres kollektiven

Handelns genau das sein: Wir verwandeln die Erde sukzessive in einen Ort des Schreckens und der Ungerechtigkeit. Zumindest deutet heute alles darauf hin.

Das Paradoxe dieser Situation bestätigt der Klimaforscher Hans Joachim Schellnhuber immer wieder in einem kleinen Privatexperiment. Er stellt den Zuhörern seiner Vorträge in aller Welt drei Fragen. Die Antworten sind, unabhängig vom Erdteil, immer dieselben: »Glauben Sie, dass es Ihnen heute besser geht als Ihren Großeltern?« – Zustimmendes Nicken. »Glauben Sie, dass es Ihren Enkeln besser gehen wird als Ihnen jetzt?« – Kopfschütteln. »Finden Sie das gerecht?« – Betretenes Schweigen.

Der Mensch ist nicht von Natur aus schlecht oder egoistisch. Im Gegenteil: *Homo sapiens* ist sogar nur darum so unglaublich erfolgreich (wenn man seine Ausbreitung über den ganzen Erdball, seine exponentielle Vermehrung, inklusive der Verdrängung und Vermarktung anderer Tierarten, als Erfolg werten will), *weil* er sich sozial verhält. Weil wir gemeinsam Probleme lösen und dafür das Wissen anderer nutzen, auch das unserer Vorfahren. Und weil wir vorausschauend handeln. Meistens, jedenfalls.

Doch ausgerechnet in einem kritischen Moment seiner beispiellosen Erfolgsstory scheinen genau diese beiden Kernkompetenzen des Menschen zu versagen.

»Ihr klaut uns unsere Zukunft!«

Den Punkt mit der Zukunft hat die Fridays-for-Future-Bewegung erkannt. Sie knüpft mit ihrer Argumentation an Schellnhuber an, wenn sie in Richtung Energiekonzerne und Bundesregierung skandiert: »Ihr klaut uns unsere Zukunft!« Man kann darüber streiten, ob heute 16-Jährige, die in Deutschland aufwachsen, wirklich »keine Zukunft« haben werden. Aber es geht ja auch um unsere Enkel und um nachfolgende Generationen. Viele von denen, die heute jung sind, spüren, was in der Luft liegt: Dass der Zenit unseres materiellen Wohlstands überschritten ist. Dass es von jetzt an bergab geht. Dass sich eine Epoche ihrem Ende nähert, die mit der blutigen Zäsur der beiden Weltkriege begann – und binnen wenigen Jahrzehnten eine Überfluss- und Wegwerfgesellschaft hervorbrachte.

Fridays for Future legt den Finger in die Wunde: Es geht nicht um ein paar Tonnen CO_2 mehr oder weniger, sondern um eine Menschheitsfrage: Wie wollen und können wir auf diesem Planeten zusammenleben? Welche Werte leiten uns dabei? Die gute Nachricht ist: Diese Werte müssen wir nicht erst erfinden. Wir haben sie längst, zum Beispiel in Gestalt der Menschenrechte.[6] Wollen wir damit mal Ernst machen? »Benehmt euch wie Erwachsene!«, ruft die 16-jährige Greta Thunberg den – überwiegend männlichen – Staatenlenkern der Welt zu. Stimmt, das wäre was!

Die Politik wird das Problem nicht lösen

In einem Punkt aber irrt Fridays for Future. Denn »die Politik« ist mit dem Problemkomplex der Klimaerwärmung mindestens genauso überfordert wie jeder Einzelne von uns. (Wer dafür noch einen Beweis brauchte, bekam ihn mit dem sogenannten Klimapaket der Bundesregierung im September 2019.) Zwar ist es richtig und wichtig, von der Regierung zu verlangen, dass sie ihren Job macht. Im deutschen Grundgesetz, Artikel 20a[7] steht, »der Staat« solle »die natürlichen Lebensgrundlagen« (und übrigens auch »die Tiere«) schützen. Es gibt aber so viele andere Gesetze, Rechte und Interessen, dass »der Staat« praktisch auch das genaue Gegenteil tun kann. Und es auch tut.

Er lässt zum Beispiel zu – Polizeischutz inklusive –, dass mitten im Land der Energiewende und der Umweltweltmeister Bürger enteignet und zwangsumgesiedelt, dass Dörfer und Kirchen abgebaggert und uralte Wälder zerstört werden. Nur damit Kohleunternehmen an den dreckigsten aller Energieträger gelangen können. Und das auch noch gesetzlich garantiert bis zum Jahr 2038. Das ist demokratisch legitimiert – und paradox. Denn um ein Klimadesaster abzuwenden, bleiben uns wahrscheinlich nur noch wenige Jahre Zeit.

Zudem fühlt sich nicht nur die deutsche Regierung – als Repräsentant des Staates – einem kapitalistischen Wachstumsmodell verpflichtet (sie ist es auch tatsächlich: per Gesetz[8]). Das wachstumsorientierte Wirtschaften hat nun zwar vieles möglich gemacht, auf das wir heute zu Recht stolz sind. Etwa die freiheitlich-demokratische Grundordnung und eine beispiellose

Freiheit des Individuums. Aber mittlerweile hat sich auch herumgesprochen, dass grenzenlose Expansion und Ausbeutung von Mensch und Natur den Planeten an den Rand des Zusammenbruchs gebracht haben. Dass in einer Welt der endlichen Ressourcen und Abfall-Lagerkapazitäten unbegrenztes Wachstum schon theoretisch unmöglich ist. Unterdessen schieben sich die gesellschaftlichen Akteure aus Politik und Wirtschaft, Bürgerinnen und Bürger gegenseitig den Ball zu: Tut endlich was! Das Ergebnis ist bislang dürftig. Es scheint, als würden sich alle gegenseitig blockieren.

Moment – kennen wir das nicht irgendwoher? Vielleicht von uns selbst?

Sicher: Aufgeschreckt durch den Protest, bekennen sich immer mehr Menschen zum Klimaschutz. Viele wollen zum Beispiel weniger Fleisch essen – oder sogar ganz darauf verzichten. Nicht schlecht! Aber was ist mit dem Rest ihrer privaten Klimabilanz? Auf 1 Tonne CO_2 kommen wir damit nicht. Wir sind als Individuen eingewoben in eine Gesellschaft, in der unablässige Steigerung und Verschwendung nicht die unrühmliche Ausnahme, sondern die Regel ist, sogar als erstrebenswert gilt.[9] Auch wenn das auf keinem Plakat steht: Die Freitagsdemos richten sich auch gegen unseren eigenen Lebensstil.

Mit dem Klimawandel kommen auf die Menschheit plötzliche und brutale – Forscher sprechen auch von disruptiven – Veränderungen zu. Um sie abzuwenden, braucht es jetzt einen gesellschaftlichen Wandel, den wohl nicht einmal grüne Spitzenpolitiker herbeiführen könnten. Das können nur wir selbst, jede und jeder Einzelne. »Es hängt ausschließlich von Ihnen ab, ob sich etwas verändert«[10], meint der Sozialpsychologe und Vordenker Harald Welzer.

Grünes Konsumieren ist nur ein Alibi

Damit ist allerdings gerade *nicht* jene Haltung gemeint, die statt der Politik oder der Wirtschaft dem Konsumenten die Verantwortung für mehr Nachhaltigkeit in die Schuhe schiebt. Plastik und Giftstoffe vermeiden, Energie sparen: Für praktisch jede Konsumhandlung gibt es mittlerweile Tipps, wie wir es besser, smarter, grüner machen können. (Auf der Erzeugerseite hat sich eine ganze Industrie rund um den ergrünten Konsum angesiedelt.) All das unter dem Motto: »Fang einfach mit irgendetwas an! Du wirst sehen, es ist leicht und macht Spaß!« In Wahrheit aber sind Verhaltensänderungen, die wirklich etwas bringen, überhaupt nicht leicht. Und darum ist das Frustrationspotenzial dieser Maxime enorm.

Auch die nächste Eskalationsstufe, das Moralisieren nach dem Motto: »Mit diesen Tipps rettest du die Welt« (als müsste irgendjemand die Welt retten), führt notwendigerweise in eine Sackgasse. Denn wer ernsthaft überzeugt ist, die Welt retten zu müssen, wird bald nicht nur von sich, sondern auch von den meisten seiner Mitmenschen enttäuscht sein. Und sich abwenden. »Der Weg von ›Ich muss die Welt retten!‹ zu ›Soll sie doch untergehen!‹ ist kürzer, als man auf den ersten Blick meinen möchte«,[11] schreibt der Psychotherapeut Wolfgang Schmidbauer. (Das ist übrigens auch der Grund, warum Sie in diesem

Buch keine Verhaltens- oder Einkaufstipps finden. Bücher, Broschüren und Webseiten dazu gibt es genug.)

Das Problem ist nicht, dass wir nicht wissen, wie es besser geht. Sondern, dass es uns gelingt, wider besseres Wissen an einem zerstörerischen Wohlstandsmodell festzuhalten.

Der Klimaleugner in uns

Wie das geht? Klimawandel-Leugner machen es vor, die der kompletten *scientific community* öffentlich widersprechen – offenbar ohne Angst davor, sich bis auf die Knochen zu blamieren. Aber auch Hipster aus Berlin-Friedrichshain bringen es fertig, zwischen zwei Schlucken öko-fairem Kaffee aus dem Pappbecher News über das Abschmelzen der Polkappen zu konsumieren, um dann – immer noch kopfschüttelnd – eine Woche Ägypten für 143 Euro zu buchen. Beides klingt unlogisch, ist aber Alltag in Deutschland. Jeder kennt solche oder ähnliche Situationen und Handlungsweisen. Der Unterschied zwischen den beiden Beispielen ist kein prinzipieller, sondern nur ein gradueller.

Wer bezweifelt, dass es überhaupt einen Klimawandel gibt (in Deutschland sind das nach einer Umfrage aus dem Jahr 2016 immerhin 16 Prozent der Menschen[12]), oder dass er von Menschen verursacht ist, entledigt sich damit aller nur denkbarer Konsequenzen für sein Tun: Wenn es keine Erwärmung oder keinen ursächlichen Zusammenhang zwischen Emissionen und Klimaänderung gibt, dann haben wir keine Verantwortung. Und müssen nichts an unserem Verhalten ändern. Sehr einfach.

Und sehr durchsichtig. Komplizierter wird es bei denen, die die Warnungen der Forschung anerkennen – und trotzdem weiterfliegen. Sie leugnen zwar nicht die Fakten, wohl aber die eigene Verantwortung. Und werden so zu Klimaleugnern zweiten Grades. Beiden gemeinsam ist, dass sie völlig normal sind, psychiatrisch gesehen.

So hilft uns die Psyche, mit Widersprüchen umzugehen

Die menschliche Psyche ist kein Computer, der bis ins Detail nachvollziehbar bei einem Input A einen Output B erzeugt. Wir haben zum Beispiel ein angeborenes Talent darin zu sehen, was in unser Bild der Wirklichkeit passt – und zu ignorieren, was wir gar nicht so genau wissen wollen.[13] Man nennt das auch selektive Wahrnehmung oder, wenn es darum geht, Fakten und Informationen gezielt auszublenden: selektive Unaufmerksamkeit. Und was nicht so recht zu unserem Bild von uns selbst und der Welt passen will, wird passend gemacht.

Confirmation bias nennen das Kognitionspsychologen, zu Deutsch auch Bestätigungsfehler oder – treffender – Bestätigungsverzerrung. Zum Beispiel antworten Menschen, die ohnehin von der Existenz des Klimawandels überzeugt sind, wenn man sie nach Wetterveränderungen in ihrer Region fragt: Es sei wärmer geworden. Wer den Klimawandel für eine Erfindung hält, wird antworten: Es sei kälter geworden.[14] Eine praktisch unerschöpfliche Quelle für eine solche Anpassung der Realität an die eigenen Überzeugungen und Erwartungen sind »soziale« Netzwerke wie Facebook. Hier bekommt jeder vorgeschlagen, wovon er oder sie (nach Berechnung des Algorithmus) ohnehin schon überzeugt ist. Willkommen in der Filterblase!

Nur auf den ersten Blick verblüffend ist das Ergebnis einer Studie amerikanischer Forscher: Sie konnten nachweisen, dass Personen mit einer konservativen, marktliberalen Einstellung ihr Klimawissen sogar gezielt nutzen, um Skepsis an der Erderwärmung zu streuen.[15] Das zugrunde liegende Motiv ist klar: Kommt uns bloß nicht mit Verboten und Regulierungen für Klima und Umwelt!

Verführerisch ist auch die leichte Verfügbarkeit von Erfahrungen (*availability bias*). Wenn man Menschen an einem ungewöhnlich heißen Tag anspricht, werden sie mehrheitlich von der Existenz eines menschengemachten Klimawandels überzeugt sein. An einem kalten Tag dagegen sinkt diese Zustimmung, obwohl sich an den Daten und Prognosen der Klimaforschung in der Zwischenzeit gar nichts geändert hat.[16] Für diesen Effekt sorgt eine Besonderheit unseres Denkens: Wir bewerten persönliche Erfahrungen und Erlebnisse (Hitze, Kälte, Unwetter) höher als unsinnliche Informationen – zum Beispiel langjährige Temperaturreihen mit unmerklichen Veränderungen.

Und noch etwas lässt scheinbar glasharte Tatsachen formbar werden: Wenn es um unsere eigenen Vorstellungen und Gedanken oder um unser Selbstbild geht, mögen wir keine Widersprüche. Das fordert unsere Kreativität heraus. Denn in der modernen Welt finden wir uns pausenlos in Widersprüche verwickelt: Wir halten uns für moralisch integer – und essen Fleisch von Tieren aus Massentierhaltung. Wir wissen um den Meeresspiegelanstieg – und »gönnen« uns trotzdem eine Antarktis-Kreuzfahrt. Doch statt dass wir das Verhalten meiden, das uns den schmerzhaften Widerspruch (die »kognitive Dissonanz«) beschert, rechtfertigen wir es oft. Dissonanzreduktion nennen das Kognitionspsychologen. Um den Widerspruch abzumildern, der sich zwischen den grausamen Bildern aus den Schlachthöfen und unseren kulinarischen Vorlieben auftut, sagen wir: »Ich esse ja nur ganz selten Fleisch« oder »Tiere haben nicht dasselbe Recht auf Leben wie Menschen«. Im Fall der Kreuzfahrt ließe sich die Dissonanz mit folgendem Argument reduzieren: »Man kann nur schützen, was man kennt und mit eigenen Augen gesehen hat.«[17]

Was tun, wenn der Weltuntergang ausfällt?

Die Idee der kognitiven Dissonanz verdanken wir dem amerikanischen Psychologen Leon Festinger.[18] Der hatte sein Anschauungsmaterial aus erster Hand: Er schleuste sich in eine Sekte ein, deren Anhänger vollkommen überzeugt waren, dass am 21. Dezember 1954 die Welt untergehen würde. Und nur sie, die Auserwählten, würden an diesem Tag von Außerirdischen gerettet werden. Am Stichtag passierte natürlich weder das eine noch das andere. Doch statt sich den abstrusen Irrtum einzugestehen, reduzierten die Sektenmitglieder die Dissonanz zwischen Realität und Erwartung: Sie erklärten, Gott habe sie nur prüfen wollen. Und fühlten sich in ihrem Glauben auch noch gestärkt.

Man mag über diese Anekdote den Kopf schütteln. Aber für diese Menschen ging es auch darum, ihre Selbstachtung zu wahren. Und das ist etwas, was uns allen wichtig ist. Etwas zugespitzt könnte man sogar die Frage stellen, ob wir, ohne irgendeiner Sekte anzugehören, nicht denselben Fehler begehen, nur spiegelverkehrt: Schließlich kündigen Forscher seit Jahrzehnten die Klima-Apokalypse an. Aber wir glauben einfach nicht daran. Vielleicht, »weil nicht sein kann, was nicht sein darf«?[19]

Das »perfekte« Problem

Wenn es um die Beurteilung von Sachverhalten geht, kommen so gut wie immer Tendenzen und Filter der eigenen Wahrnehmung ins Spiel. Was prinzipiell nicht schlecht ist. Denn wir können gar nicht anders existieren, als dass wir aus der unendlichen Fülle von Eindrücken und Informationen in unserer Umwelt das für uns Bedeutsame auswählen. Alles andere würde uns handlungsunfähig machen. Dummerweise handelt es sich beim Klimawandel um ein epochales Menschheitsproblem – das von unserer individuellen Wahrnehmung praktisch komplett weggefiltert werden kann. Psychologen sprechen aus diesem Grund – etwas zynisch – von einem »perfekten« Problem.[20]

Denn, *erstens*, hat der Klimawandel nicht die Qualität einer Gefahr, auf die wir instinktiv reagieren. So wie wir ein Auto wahrnehmen würden, das auf uns zurast. Stattdessen ereignet er sich (scheinbar) weit weg, vielleicht in Afrika oder auf Inseln mitten im Pazifik.[21] Warum sollten wir *hier* etwas tun, wenn das Problem *irgendwo* auftritt? Der Klimawandel wirkt auf uns abstrakt, unsichtbar, komplex – und selbst von Wissenschaftlern nicht ganz verstanden. Jedenfalls nicht wie etwas, das einen sofort zur Seite springen lässt.

Zweitens bedroht das Klimaproblem unseren *way of life*. Wirklicher Klimaschutz erfordert von jedem Einzelnen Abstriche beim Lebensstandard, etwa den Verzicht auf das Fliegen oder ein eigenes Auto. Solche konkreten Verluste wiegen für uns schwerer als Verluste, die – wenn auch nur gefühlt – weit in der Zukunft liegen. Da bringt es wenig, wenn Wirtschaftswissenschaftler die Kosten des Klimawandels in der Zukunft sehr viel höher ansetzen als die Kosten, die es erfordert, um ihn jetzt zu begrenzen.

Drittens ist natürlich bei allem, was die Zukunft betrifft, ein Rest Unsicherheit. Das spielt Zweiflern in die Hände. Ist nicht selbst in den Berichten des IPCC ziemlich viel von *uncertainty* die Rede? Da kann man schon stutzig werden – oder das Ganze gleich für Kaffeesatzleserei halten. Oder für eine Weltverschwörung.[22] Interessanterweise gibt es keinen wissenschaftlichen oder öffentlichen Disput über eine viel radikalere Prognose: dass die Erde in einigen Milliarden Jahren von der sterbenden Sonne geschluckt werden wird. Warum sich über etwas aufregen, das in so unvorstellbarer Ferne liegt?

Was den Punkt der Unsicherheit betrifft – den können wir streichen. Natürlich kann niemand mit 100-prozentiger Sicherheit vorhersagen, wie die Erde in 100 oder 1000 Jahren aussehen wird. Aber »Klima« ist nicht »Wetter«: Die langfristigen Prognosen zu Temperaturänderungen – und deren Folgen, etwa für die Ozeane – sind in ihren Kernaussagen und wesentlichen Tendenzen gut abgesichert. Wir müssen also damit rechnen, dass die Wissenschaftler mit ihren Warnungen recht haben. Und selbst wenn die Prognosen mit einer viel geringeren Sicherheit ihres Eintreffens ausgestattet wären, müssten wir sie ernst nehmen und handeln. Das nennt man das Vorsorgeprinzip: Es steht einfach zu viel auf dem Spiel.

Unterwegs nach Dystopia: Kleine Chronik des Klimaalarms

Eine 16-Jährige, Greta Thunberg, brachte das Problem bei ihrer Ankunft in New York im Herbst 2019 auf den Punkt: »Unser Krieg gegen die Natur muss aufhören«,[23] sagte sie Reportern. Krieg? Tatsächlich müssten außerirdische Beobachter den Eindruck bekommen, dass die Spezies *Homo sapiens* ihre eigene Heimat, den Planeten Erde, wie eine fremde Besatzungsmacht mit Riesenbaggern und Verkehrsnetzen, mit globalen Geld- und Warenströmen unterwerfen wolle. Und mit Kohlendioxid.

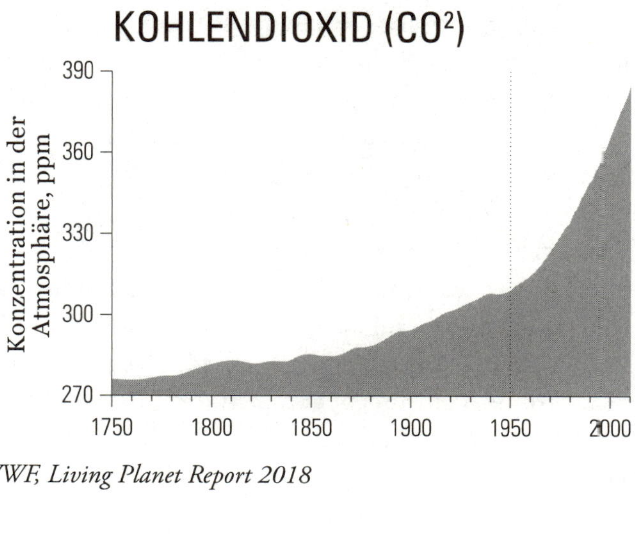

© *WWF, Living Planet Report 2018*

Wahrscheinlich würden die Außerirdischen rätseln, warum die Menschen CO_2 einsetzen. *Dass* wir es einsetzen, wissen auch wir erst seit relativ kurzer Zeit. Tatsächlich ist es nicht ganz trivial, die Rolle von Klimagasen in der Atmosphäre zu verstehen.

Die Grundlagen der Klimawissenschaften reichen immerhin bis ins frühe 19. Jahrhundert zurück: Jean Baptiste Joseph Fourier (1768–1830) erforschte zu Beginn des 19. Jahrhunderts die Ausbreitung von Wärme in Festkörpern – und unterschied zwischen sichtbarer und unsichtbarer Wärmestrahlung. Also, wie wir heute wissen, zwischen elektromagnetischer Strahlung im optischen und im Infrarotbereich. Er erkannte als einer der Ersten, dass die Zusammensetzung der Luft (also der Atmosphäre) Einfluss auf die Erwärmung von Körpern auf der Erde durch Sonnenstrahlung hat.

Darauf konnte John Tyndall (1820–1893) aufbauen, als er ab 1859 untersuchte, welche Wirkung verschiedene Gase auf die Temperatur der Lufthülle haben. Der schottische Forscher kam zu dem Ergebnis, dass beispielsweise Sauerstoff und Stickstoff kein Hindernis für kurzwellige Infrarotstrahlung darstellen, während Wasserdampf und Kohlendioxid Wärmestrahlung absorbieren. Von hier war es nicht mehr weit zu der Idee des Treibhauseffekts. Der beruht – wie wir heute wissen – darauf, dass die langwellige Sonnenstrahlung fast ungehindert durch die Atmosphäre dringt, auf die Erdoberfläche trifft und in Form von kurzwelliger Wärmestrahlung wieder in den Weltraum abgegeben wird. Aber eben nicht komplett. Dafür sorgt das »Glasdach« des Treibhauses, bestehend aus Kohlendioxid und anderen Spurengasen.

Es war der Schwede Svante Arrhenius (1859–1927), der dieser Erkenntnis zum Durchbruch verhalf mit seinem Aufsatz »Über den Einfluss des atmosphärischen Kohlensäuregehaltes auf die Temperatur der Erdoberfläche« aus dem Jahr 1896. Darin findet sich auch der Gedanke, dass der Mensch (wenn auch unbeabsichtigt) das Klima manipuliert. Trotzdem sollte es noch mehr als ein halbes Jahrhundert dauern, bis die Sache in die Öffentlichkeit drang.

Selbst Shell und Exxon warnten in den 80er-Jahren

Erst in den 1950er-Jahren leuchteten die ersten Warnlampen auf: Nachdem der Amerikaner Gilbert Plass durchgerechnet hatte, wie CO_2 in der Atmosphäre die Erwärmung der Erde beeinflusst, titelte die *New York Times* 1956: »Wärmeres Klima könnte von Kohlendioxid in der Luft verursacht sein«. Zwei Jahre später legte die Innovationsfabrik Bell Laboratories aus New Jersey mit einem unterhaltsamen Erklärfilm nach: In *The Unchained Goddess* (»Die entfesselte Göttin«) erklärt ein Professor zu dramatischer Orchestermusik, dass »der Mensch unabsichtlich durch die Abfallprodukte seiner Zivilisation das Weltklima verändern könnte«.[24] Jährlich 6 Milliarden Tonnen CO_2 – das entspricht nicht einmal einem Sechstel der heutigen Produktion – könnten dazu führen, dass die Polkappen abschmelzen und der Meeresspiegel um 50 Meter ansteigt. (Merkwürdig, dass der Film keine Massenpanik auslöste. Vielleicht lag das an den albernen Zeichentricksequenzen.)

In den 1980er-Jahren waren es dann skurrilerweise zwei Ölkonzerne, die in Studien für den internen Gebrauch erstaunlich selbstkritisch über ihr eigenes Geschäft nachdachten. Und dabei zu keinem guten Ergebnis kamen.[25] So warnte Exxon 1982 in einem Papier, dass die Durchschnittstemperaturen bis 2060 um 2 Grad steigen könnten – was »möglicherweise katastrophale Ereignisse« nach sich ziehen könnte.

Statt Klimaschutz: Rhetorik und wissenschaftliche Scharmützel

Obwohl also der Zusammenhang zwischen dem Energiehunger der Menschheit und der Erderwärmung seit Jahrzehnten bekannt war, blieb die globale Mobilmachung gegen den Temperaturanstieg aus. Stattdessen wurde die Rhetorik schärfer. So zeigte *Der Spiegel* in seiner Ausgabe Nr. 33 von 1986 den Kölner Dom, halb unter Wasser. Der Titel: »Die Klimakatastrophe«.[26] Mit diesem Schlagwort – entlehnt aus einer Schrift des Arbeitskreises Energie der Deutschen Physikalischen Gesellschaft – war der mediale Ton gesetzt: Alarmrhetorik bestimmt die Debatte im Wesentlichen bis heute. Doch auch 34 Jahre nach dem *Spiegel*-Titel löst das Wort »Klimakatastrophe« nichts aus, was wir mit einem Ernstfall assoziieren. Sondern vor allem Abwehrreaktionen.

Es ist kein Zufall, dass im Jahr 1998 eine Art pseudowissenschaftliche Massenschlägerei um eine einfache Grafik entbrannte: Drei Autoren hatten die rekonstruierten Temperaturen seit dem Jahr 1000 mit aktuellen Thermometermessungen zu einem Temperaturverlauf bis heute kombiniert. Das Ergebnis ist der berühmte »Hockeyschläger«: Bis etwa zum Jahr 1900 hat die Temperaturlinie ein leichtes Gefälle, um nach der Jahrhundertwende fast senkrecht nach oben zu schnellen. »Einige wenige kritische Kollegen, Forschungsdilettanten, Sensationsjournalisten und hartgesottene Lobbyisten« bliesen zum Angriff. Das Bild, erinnert sich der Klimaforscher Hans Joachim Schellnhuber, »war einfach *zu klar*, um allgemein als wahr akzeptiert zu werden«.[27]

Also alles nur falscher Alarm? Leider nein: Das »Hockeyschläger«-Diagramm gehört heute zu den »meistgeprüften wissenschaftlichen Befunden aller Zeiten« (Schellnhuber). Shell und Exxon hatten leider recht. Es ist sicher, dass der Mensch gegenüber der Mitte des 19. Jahrhunderts schon für eine Erwärmung von über 1 Grad Celsius gesorgt hat. Die Folgen sind heute schon messbar. Wir wissen, dass der anthropogene Temperaturanstieg Fahrt aufnimmt. Und dass das weitaus Schlimmste noch vor uns liegt.

Doch genau davon ist auffällig oft nicht die Rede. Stattdessen richtet sich die Aufmerksamkeit der Medien und der Öffentlichkeit vor allem auf Klimaschutzmaßnahmen und Klimakonferenzen – und auf die Frage, ob das Beschlossene ausreicht. (Meistens lautet die Antwort: Nein.) Nur selten dagegen lesen wir, wie die Welt – als Konsequenz dieser Untätigkeit – schon in wenigen Jahrzehnten aussehen könnte. Weil wir das gar nicht so genau wissen wollen? Weil Medienmacher vor dem Vorwurf der »Panikmache« Angst haben?

Sehen wir uns also im Folgenden einmal an, was nach dem heutigen Stand der Wissenschaft auf uns zukommt.

Eisberg voraus: Mit Volldampf auf Kurs »Vier Grad«

Die Hockeyschläger-Kurve gibt die Richtung vor: Die Temperaturen steigen weltweit sprunghaft an. Da scheint es fast müßig, in immer kürzeren Abständen von Hitzerekorden zu berichten. Im niedersächsischen Lingen zeigte das Thermometer des Deutschen Wetterdienstes am 25. Juli 2019 42,6 Grad Celsius. So heiß war es – nach offiziellen Messungen – in Deutschland noch nie seit 140 Jahren. Weltweit gilt die Fünfjahresperiode von 2014 bis 2019 als die wärmste, seit überhaupt Lufttemperaturen aufgezeichnet werden. Die lokalen Rekorde passen ins große Bild: Noch nie seit Beginn der Wetteraufzeichnungen gab es auf der Erde einen heißeren Juli als den des Jahres 2019. Schon heute liegen die Temperaturen im Mittel 1,1 Grad Celsius über dem Wert der vorindustriellen Zeit. Und pro Jahrzehnt kommen 0,17 Grad hinzu.

Der Trend steht im krassen Widerspruch zu den offiziellen Zielen der Weltgemeinschaft: Auf »deutlich unter zwei Grad«, am besten 1,5 Grad Celsius, wollten die Unterzeichner der Klimakonferenz von Paris im Jahr 2015 die Erderwärmung begrenzen. Mit gutem Grund – denn jenseits von 2 Grad wird das Klima unkontrollierbar; Rückkopplungseffekte wie das Abschmelzen der Permafrostböden Sibiriens (dabei würden gigantische Mengen Kohlendioxid und Methan freigesetzt, die ihrerseits die Klimaerwärmung beschleunigen) könnten das ganze Klimasystem der Erde aus dem Ruder laufen lassen. Die Menschheit ist drauf und dran, innerhalb von nur zwei Jahrhunderten auf dem Globus Temperaturen zu erzeugen, die seit Dutzenden Millionen Jahren nicht mehr geherrscht haben. Die 2-Grad-Leitplanke ist überlebenswichtig.

Doch fünf Jahre nach dem gefeierten Erfolg von Paris ist so gut wie keine für den Klimaschutz bedeutsame Nation auf dem richtigen Weg; selbst gesteckte Reduktionsziele werden routinemäßig verfehlt. Gleichzeitig steuern wir heute auf eine Temperaturerhöhung von bis zu 5 Grad im Jahr 2100 zu.[28] (Das ist nur der globale Mittelwert; regionale Abweichungen von mehreren Grad nach unten oder oben sind möglich.) Und damit auf eine Welt, die wir nicht wiedererkennen würden.[29]

Machen wir uns nichts vor: Der globale Burn-out ist keine Science-Fiction, liegt nicht in irgendeiner fernen Zukunft. Er ist die Gegenwart der Babys von heute, die Gegenwart unserer Enkel.

Die Welt im Jahr 2100

Im Jahr 2100 wird die Welt auf dem Weg sein, komplett eisfrei zu werden. Der *Meeresspiegel* könnte bis dahin schon um 2 Meter angestiegen sein. Und wird in den darauffolgenden Jahrhunderten die 10-Meter-Marke knacken. Ganze küstennahe Landstriche werden erst versalzen, dann in den Fluten versinken.

Auch das Überleben in den *Ozeanen* selbst wird schwieriger. Denn bei höheren Temperaturen kann Meerwasser weniger Sauerstoff aufnehmen; giftige Algenblüten reduzieren den Sauerstoffgehalt zusätzlich. In riesigen, sich ausbreitenden Todeszonen ist kaum noch höheres Leben möglich. Der höhere CO_2-Gehalt der Luft hat einen weiteren negativen Effekt: Die Ozeane nehmen den in der Luft gelösten, überschüssigen Kohlenstoff auf – und werden in der Folge immer saurer. Darunter leiden zahllose Meereslebewesen. Besonders dramatisch: Bei 2 Grad plus sind so gut wie alle Korallenriffe der Erde tot.

In einem breiten Gürtel rund um den Äquator werden Hitze und Feuchtigkeit menschliches Leben praktisch unmöglich machen. Nördlich und südlich davon breiten sich *Wüsten* aus und machen auch hier das Überleben unmöglich. Wüstenähnliche Bedingungen sagen manche Forscher auch für den Süden oder sogar Teile Mitteleuropas voraus. Während in Asien *Überschwemmungen* wegen heftigerer Monsunregenfälle und Unwetter häufiger werden, könnten Donau und Rhein austrocknen. In Südamerika dagegen könnte die Klimaerwärmung – zusammen mit der fortschreitenden Abholzung – den Amazonas-Regenwald, die »grüne Lunge« der Erde und Hotspot der Artenvielfalt, in eine karge Savanne verwandeln.

Ist die Vielfalt der *Tier- und Pflanzenarten* heute schon stark dezimiert, wird sich das Tempo der Auslöschung noch beschleunigen. Denn nur wenige Arten können mit dem Tempo mithalten, mit dem sich die Klimazonen verschieben. Oder sie stoßen bei ihrer Flucht an feste Grenzen wie Küsten oder Berggipfel. Ganze Ökosysteme geraten aus den Fugen, weil für die Nahrungskette wichtige Spezies aussterben. Der Mensch ist da noch in einer vergleichsweise komfortablen Position. Denn er kann sich wie keine zweite Spezies an neue Gegebenheiten anpassen. Doch wenn die Prognosen für 2100 zutreffen, wird es für 11 Milliarden Menschen (heute sind es 7,6 Milliarden) eng auf dem Planeten. Sehr eng.

Um das Jahr 2030, glauben Forscher, wird rund die Hälfte der Weltbevölkerung in den Tropen leben. Doch die dürften bis zum Ende des Jahrhunderts unbewohnbar werden. Wegen lebensfeindlicher Hitze, Wüstenbildung und Überschwemmungen brechen 2 Milliarden Menschen in klimatisch gemäßigtere Breitengrade auf. Um die verbliebenen bewohnbaren Zonen wird es heftige Konflikte geben.

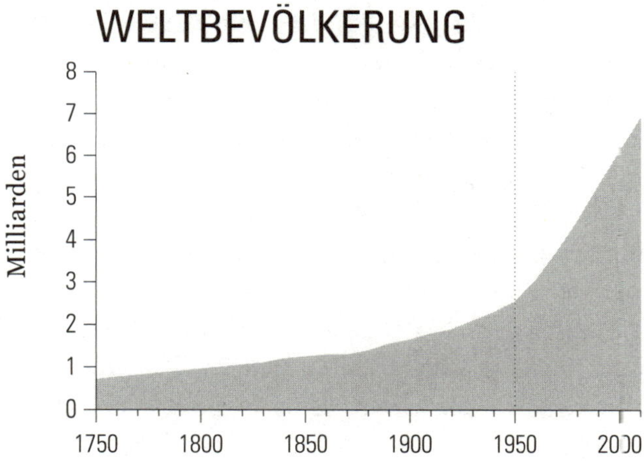

© WWF, Living Planet Report 2018

Dass das keine Schwarzmalerei schlecht gelaunter Weltuntergangspropheten ist, zeigt ein genauerer Blick auf die physikalischen Prozesse und ihre Folgen für Menschen und Ökosysteme.

Die große Gletscherschmelze

Beginnen wir mit den kompakten Eismassen der Erde. Sie sind nichts anderes als komprimierter, jahrtausendealter Schnee und das Fieberthermometer der Erde. Denn wird es auf der Erde wärmer, zeigen sie es zuerst an, indem sie schrumpfen und die Ozeane steigen lassen.

Allein der kilometerdicke Eispanzer, der Grönland bedeckt, könnte, sollte er abtauen, die Weltmeere um rund 7 Meter in die Höhe treiben. Die Anfänge davon sehen wir bereits: Im Vergleich zu den 1980er-Jahren verlieren die Gletscher heute sechsmal mehr Eis. Seit 2010 sind das im Schnitt 290 Milliarden Tonnen jährlich.[30] Eisbohrkerne zeigen: Seit mindestens 500 Jahren ist der Eisschild Grönlands nicht so stark angetaut wie in den vergangenen Jahren. Der Grund: In der Arktis steigen die Temperaturen etwa doppelt so schnell wie im globalen Durchschnitt.

Das hat auch zur Folge, dass schon ab 2030 der Nordpol im Sommer eisfrei sein könnte. Wo der Amerikaner Ralph Plaisted (der erste Mensch, der zu Fuß den Nordpol erreichte) am 20. April 1968 sein Lager aufschlug, wird sich dann eine unendliche Wasserwüste ausdehnen. Und an Bord von Luxuslinern, die hier kreuzen, werden beim All-inclusive-Menü Vorträge über die Erforschung des Nordpols gehalten.

Auf der anderen Seite der Erdkugel sieht es nicht besser aus: Auch in der Antarktis schwinden sowohl das Gletscher- als auch das Meereis. Seit 2009 hat die größte Eismasse der Erde jedes Jahr 250 Milliarden Tonnen eingebüßt. Und auch hier beschleunigt sich der Trend. Sollte die Antarktis komplett abtauen, droht ein Meeresspiegelanstieg um immerhin 57 Meter. Das ist keine bloße Theorie, sondern nach dem heutigen Stand der Dinge nur eine Frage von Jahrhunderten.

Auch die Gletscher in den Hochgebirgen der Welt verlieren an Masse. Die Eisriesen der Schweiz etwa haben allein in den vergangenen zehn Jahren ein Fünftel ihrer Masse eingebüßt. Bis zum Ende des Jahrhunderts, so glauben Forscher, könnten die Alpen eisfrei sein. Ein Trend, der nicht nur dem Wintertourismus zu schaffen macht. Denn an den nun frei liegenden Hängen kann es zu Bergrutschen kommen. Und im Vorland der Berge würde das Wasser fehlen. Flüsse werden wegen der Eisschmelze zunächst mehr, dann – wenn die Gletscher geschrumpft sind – weniger Wasser führen. Flussabwärts wird die Versorgung mit Trinkwasser, wird die Landwirtschaft immer schwieriger.

Besonders dramatisch wird sich das in der Hindukusch-Himalaja-Region auswirken, dem größten Gebirgszug der Erde, den Forscher wegen seiner gigantischen Eismassen auch den »dritten Pol« der Erde nennen. Bei einem unverminderten Anstieg der weltweiten Emissionen werden bis 2100 zwei Drittel seiner gewaltigen Eismassen verschwunden sein.[31] Und mit ihnen ein großer Teil der Frischwasserzufuhr nicht nur für 250 Millionen Menschen in der Region, sondern auch für weitere 1,65 Milliarden Menschen in Indien, Pakistan oder China.

Weltmeere: Höher, wärmer, saurer, ärmer

Es ist kein Zufall, dass der IPCC im Jahr 2019 einen Sonderbericht über den Zustand der Meere herausgab.[32] Immerhin bedecken die Ozeane mehr als sieben Zehntel der Erdoberfläche; in ihnen entstand wohl das Leben, sie sind die Heimat einer atemraubenden Vielfalt von Lebensformen – und die Lebensgrundlage für Hunderte Millionen Menschen an den Küsten der Kontinente und auf zahllosen Inseln. Jetzt werden sie zum Schlachtfeld der Klimakrise.

Die offensichtlichste Bedrohung geht dabei vom Meeresspiegelanstieg aus, verursacht nicht nur durch zerfließendes Inlandseis, sondern auch durch das physikalische Phänomen, dass Wasser sich beim Erwärmen ausdehnt. (Auf diesen Effekt geht ungefähr ein Drittel des heute beobachteten Anstiegs zurück.) Zusammengenommen ergibt sich folgendes Bild: Im Vergleich zum Jahr 1900 stehen die Ozeane heute schon 18 bis 20 Zentimeter höher an den Küsten. Und jedes Jahr kommen mehr als 3 Millimeter dazu.[33] Das klingt vielleicht nicht nach viel. Aber nach viel klingt auch »ein Grad plus seit vorindustriellen Zeiten« nicht. Das Erschreckende ist der langfristige Trend: Denn der Anstieg beschleunigt sich.

Für den Fall, dass die Erderwärmung auf 2 Grad begrenzt werden kann, rechnet der Weltklimarat bis zum Jahr 2100 mit einem Meeresspiegelanstieg von bis zu 60 Zentimetern. Vorausgesetzt also, dass die Emissionen weltweit effektiv gedrosselt werden. Sollten die Emissionen ungebremst weiter steigen (das ist leider das wahrscheinlichere Szenario), müssen wir uns auf Dramatischeres einstellen: mehr als 1 Meter plus, nach anderen Berechnungen sogar 2 Meter und darüber.[34] Doch Ozeane reagieren träge.

Der Meeresspiegel wird wegen der Klimagase, die schon in der Atmosphäre sind, und wegen der praktisch unvermeidlichen weiteren Emissionen noch jahrhundertelang kontinuierlich ansteigen. Die Frage ist nur: Mit welcher Geschwindigkeit? Tief liegende Inseln im Pazifik, ganze Küsten werden verschwinden.

Das wäre nicht weiter problematisch, wenn auf diesen Inseln und an diesen Küsten keine Menschen wohnten. Doch in küstennahen Regionen, die bis 2100 jährlich bei Flutkatastrophen überschwemmt werden könnten, leben dann voraussichtlich 630 Millionen Menschen.[35]

Als Erstes, so viel steht fest, trifft es die pazifischen Koralleninseln. Der überwiegende Teil der Malediven-Atolle etwa erhebt sich weniger als 1 Meter über den Meeresspiegel. Und ist damit akut gefährdet. Schon seit Jahren plant die Regierung die Evakuierung der kompletten Bevölkerung nach Indien, Sri Lanka oder Australien. Für den Landkauf fehlt es allerdings an Geld.

Besonders hart trifft es Bangladesch: Schon bei einem Anstieg von 1 Meter stünde etwa ein Fünftel des Landes unter Wasser. 30 Millionen Menschen müssten umgesiedelt werden. Bereits heute dringt das ansteigende Meerwasser in die fruchtbaren küstennahen Böden ein und macht traditionelle Landwirtschaft unmöglich. Die Versalzung, rechnen Experten, verschlechtert schon heute die Trinkwasserversorgung von 20 Millionen Menschen in Bangladesch und wird in den kommenden Jahren 200 000 Menschen in die Flucht treiben.[36]

Das Zynische daran ist: Die Bangladescher selbst sind am wenigsten für dieses Problem verantwortlich. Jeder Einwohner des Landes erzeugt im Schnitt nur eine halbe Tonne CO_2 jährlich. Wir Deutschen produzieren das Zwanzigfache.

Dabei ist der Meeresspiegelanstieg nur eine Seite des Problems: Durch immer heftigere Stürme wird es auch zu höher auflaufenden Fluten und katastrophalen Überschwemmungen kommen. Die Folge: Sogenannte Jahrhundertfluten könnten ab 2050 jährlich auflaufen. Und sie werden vor allem arme Menschen treffen. Denn die leben oft in überschwemmungsgefährdeten Gebieten, müssen immer öfter um ihr Leben bangen – oder stehen nach katastrophalen Fluten buchstäblich vor dem Nichts.

Steigende Temperaturen bringen Indien extreme Monsunregenfälle. Im August 2017 stand Mumbai unter Wasser

Dagegen sind die Aussichten für die deutschen, dänischen und niederländischen Küsten noch vergleichsweise komfortabel: Das UNESCO-Weltnaturerbe Wattenmeer wird zwar buchstäblich versinken, aber mit höheren und breiteren Deichen werden wir uns noch eine Weile gegen die höher auflaufenden Fluten wehren können. Bei einem Meeresspiegelanstieg von mehreren Metern allerdings dürfte der Deichbau irgendwann zu teuer werden. Dann müssten große Gebiete der norddeutschen Tiefebene, die teilweise schon heute unterhalb des Meeresspiegels liegen, evakuiert und dem Meer preisgegeben werden. Dänemark würde zur Insel.

Schon heute ist die Lage in der Hauptstadt Indonesiens, Jakarta, dramatisch. Die Megacity bildet den Mittelpunkt des mit 30 Millionen Einwohnern zweitgrößten Ballungsraums der Welt – und kämpft nicht nur gegen immer höher ansteigende Fluten. Die Metropole sinkt auch noch ab, weil sie auf sumpfigem Gelände errichtet wurde und illegal große Mengen Grundwasser abgezapft werden. Die Stadt ist nur zu retten, indem man sie buchstäblich neu erfindet: Die Regierung plant, ab 2024 mit der kompletten Bevölkerung auf die höher gelegene Insel Borneo umzuziehen.

Warum die Artenvielfalt im Ozean schwindet

Die Ozeane werden nicht nur wärmer (weil sie mehr als 90 Prozent der zusätzlichen Wärmeenergie der Sonne aufnehmen) – sie verändern auch ihre Chemie. Denn sie schlucken rund ein Drittel der durch Menschen verursachten CO_2-Emissionen. Dadurch sinkt ihr pH-Wert: Sie werden »saurer«. Das stellt praktisch alle Ökosystem der Weltmeere vor neue Herausforderungen. Denn zahllose Kleinstlebewesen – sogenanntes Plankton –, aber auch viele Korallen besitzen eine Schale aus Kalk. Die aufzubauen, wird unter saureren Bedingungen immer schwieriger. Fehlt aber das Plankton, fehlt auch das wichtigste Glied in der Nahrungskette. Ob Hai, Wal oder Meeresvogel – praktisch alle Tierarten der Meere sind betroffen.

Hitzewellen in den Ozeanen, also Phasen ungewöhnlich hoher Wassertemperaturen, üben zusätzlichen Druck auf die Ökosysteme aus. In seinem neuesten Bericht zum Zustand der Meere stellt das IPCC fest: Marine Hitzewellen werden nicht nur immer heißer und dauern immer länger. Ihre Zahl hat sich seit den frühen 80er-Jahren verdoppelt. Sollten die Emissionen auf einem unverändert hohen Niveau bleiben, könnten Hitzewellen sogar 50-mal häufiger auftreten als heute und dazu beitragen, dass die Artenvielfalt in den Meeren weiter schwindet.

Während im Nordpazifik und -atlantik in Zukunft andere Fischarten heimisch werden und mehr gefangen werden kann, sind die Aussichten für die Tropen düster: Experten rechnen hier bis 2050 mit einem Rückgang der Fangmengen um 40 Prozent: Besonders dramatisch wird sich das in Küstenregionen auswirken, wo die Existenz der Bewohner zu einem großen Teil vom Fischfang abhängt.

Der Verlust der Artenvielfalt zeigt sich schon heute am Zustand der Korallenriffe: Sogenannte Korallenbleichen nehmen weltweit zu. Dabei stoßen die Tiere, die in einer Symbiose mit Algen leben, im Hitzestress ihre einzelligen Energielieferanten ab – und verhungern. Die atemraubend formenreiche und farbenprächtige Welt der Riffe mit ihren zahllosen tierischen und pflanzlichen Untermietern verwandelt sich so in eine gespenstisch weiße, artenarme Unterwasserwüste. Schon bei einem Temperaturanstieg von 1,5 Grad Celsius wären 70–90 Prozent aller Riffe gefährdet. Bei einem Anstieg von 2 Grad dagegen alle.[37] Ob es einzelne Korallenarten gibt, die sich an höhere Temperaturen und »saureres« Wasser anpassen können, ist unsicher.

Hitze, Dürre, Überschwemmungen: So radikalisiert sich das Wetter

Wenn man die Zukunft des Wetters auf der Erde mit einem Wort beschreiben müsste, wäre »turbulent« sicher das passendste – direkt gefolgt von »extrem«. Zwar ist es nicht ganz einfach, konkrete Extremwetterereignisse, etwa einen Sturm, auf die menschengemachte Erderwärmung zurückzuführen. Die Forschung dazu steckt noch in den Kinderschuhen. Was sich aber schon heute sicher sagen lässt: Wirbelstürme verändern ihren Charakter. Sie werden immer zerstörerischer. Der Grund dafür: Durch die Erderwärmung verlangsamt sich die tropische Luftzirkulation – gewissermaßen das atmosphärische Förderband der Wirbelstürme. Dadurch ziehen die Sturmmonster schon heute deutlich langsamer. Gleichzeitig enthalten sie mehr Wasser, weil wärmere Luft mehr Feuchtigkeit aufnehmen kann. Trifft der Sturm auf Land, halten hohe Windgeschwindigkeiten und extreme Niederschläge länger an. Eine scheinbar kleine Ursache – aber eine große Wirkung: Schon eine Erderwärmung von 0,5 Grad Celsius bremst Stürme offenbar um 10 Prozent und mehr aus.[38]

Klar ist auch: Wetterextreme wie Hitzewellen werden zunehmen. Forscher konnten nachweisen, dass die Hitzewelle des Jahres 2018 in Europa zwar nicht durch die Klimaerwärmung verursacht, aber durch die gestiegenen Durchschnittstemperaturen mehr als zweimal wahrscheinlicher wurde.[39] Zu einem ähnlichen Ergebnis waren zuvor Forscher gekommen, die die Jahrhundert-Hitzewelle des Jahres 2003 analysiert hatten. Damals starben in Europa 70 000 Menschen, davon 9000 allein in Deutschland, außerdem verzeichneten Landwirte schwere Einbußen bei der Ernte. Und als Folge einer Rekordhitze in Australien wüteten zwischen November 2019 und Februar 2020 die schlimmsten Waldbrände in der Geschichte des Landes. Fachleute vergleichen diesen Zusammenhang auch mit einer ärztlichen Diagnose: Bei einem starken Raucher wird man kaum das Rauchen als alleinige Ursache für einen Lungenkrebs identifizieren können. Klar ist aber, dass es das Risiko (und damit die Wahrscheinlichkeit) erhöht, an Krebs zu erkranken.

Schon 2012 kamen Experten zu dem Ergebnis: Ungewöhnlich heiße Perioden im Sommer werden in einer 4 Grad wärmeren Welt regional bis zu 20-mal häufiger auftreten. Und länger anhalten.[40] Im Mittelmeerraum wird dann nicht nur der Urlaub, sondern das Leben selbst zur Qual: In der 4-Grad-Welt würden hier alle Sommermonate heißer ausfallen als die schlimmsten Hitzewellen von heute. Zudem würden heute schon sehr trockene Regionen noch trockener werden. Nicht nur der Mittelmeerraum, sondern etwa auch das südliche Afrika und der Südwesten der USA.

Auf der anderen Seite führt die Erwärmung der Atmosphäre zu heftigeren Niederschlägen. Auf rund der Hälfte der Erdoberfläche wird es in der Folge mehr Überschwemmungen geben; allein in Europa rechnen Experten mit bis zu 400 000 Menschen, die von über die Ufer tretenden Flüssen bedroht wären.

Das Verschwinden von Tier- und Pflanzenarten sowie ganzer Ökosysteme

Anfang 2019 brachte es ein Tier zu trauriger Berühmtheit, von dem bis dahin nur wenige Menschen wussten, dass es existiert. Oder existierte. Denn die Mosaikschwanzratte war die wohl erste Säugetierart, die der Klimaerwärmung zum Opfer fiel. Zum Verhängnis wurde der Art, dass ihr Verbreitungsgebiet nur eine einzige Insel umfasste. Und dass ausgerechnet diese eine Insel eine von jenen tief liegenden Koralleninseln ist, die wegen des Meeresspiegelanstiegs vom Untergang bedroht sind: Bramble Cay ist eine der rund 1000 Eilande des Great Barrier Reef, des größten Korallenriffs der Erde.

Die Insel war in den Jahren zuvor schon mehrfach überspült worden, und obwohl Ratten als Überlebenskünstler gelten – das war einfach zu viel. *Melomys rubicola* ist weg. Für immer. Das Schicksal der Mosaikschwanzratte verdeutlicht stellvertretend die entscheidende Schwierigkeit, vor die die Klimaerwärmung ganze Spezies stellt.

Zu langsam für schockartige Veränderungen

Klimaveränderungen gab es zwar in der Erdgeschichte schon immer, besonders dramatisch im Eiszeitalter seit etwa 34 Millionen Jahren. Doch zwischen wärmeren und kälteren Phasen (den Kaltzeiten, auch »Eiszeiten« genannt) lagen Jahrtausende. Genug Zeit also für Tiere und Pflanzen, sich an die veränderten Bedingungen anzupassen oder sich anderswo anzusiedeln.

Im Vergleich zu solchen allmählichen, natürlichen Prozessen ist die menschengemachte Erderhitzung allerdings ein Schock. 1 Grad Celsius in 150 Jahren, 4 Grad in 250 Jahren: Die Evolution ist schlicht zu langsam für eine so rapide Veränderung der Lebensbedingungen.

Besonders betroffen von dieser Schnelligkeit sind Pflanzen, die naturgemäß noch weniger mobil sind als die meisten Tiere. Experten schätzen, dass Tiere und Pflanzen in jedem Jahrzehnt durchschnittlich 70 Kilometer »wandern« müssten, um die Klimaerwärmung auszugleichen. Das allerdings funktioniert zum Beispiel in einer zersiedelten und kultivierten Landschaft wie der mitteleuropäischen nicht. Bei einer Erwärmung um 4 Grad müssen wir damit rechnen, dass nicht nur einzelne Baumarten aus unseren Breiten verschwinden. Ganze Wälder werden absterben – oder vollkommen anders aussehen als die, die wir heute kennen (und die viele lieben).[41]

Generell ist es zwar schwierig, die Klimaerwärmung als einzigen Grund für das Aussterben einer Art zu identifizieren. Meist kommen Faktoren wie Waldrodung, Chemikalien und Düngemittel aus der Landwirtschaft, legale und illegale Jagd, internationaler Handel oder die Konkurrenz durch eingewanderte oder eingeschleppte Arten hinzu. Auch wenn die Erderwärmung nicht direkt zum Aussterben führt (wie im Fall der Mosaikschwanzratte), kann sie doch der Tropfen sein, der das Fass der Stressfaktoren zum Überlaufen bringt.

1 Million Tier- und Pflanzenarten in Gefahr

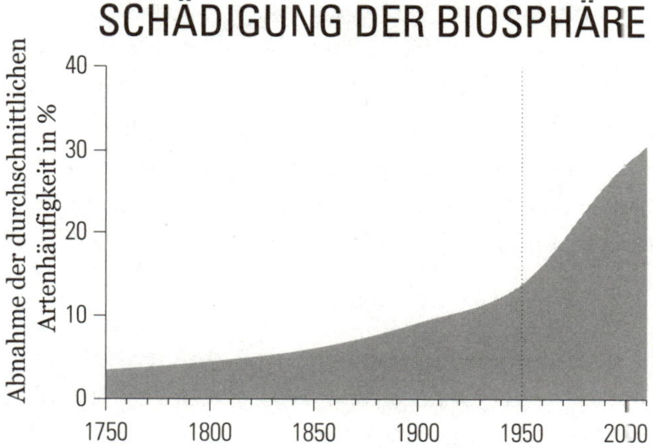

© *WWF, Living Planet Report 2018*

Wenige Monate nach der Meldung vom Aussterben der Mosaikschwanzratte veröffentlichte der Weltbiodiversitätsrat IPBES (vergleichbar dem Weltklimarat IPCC) eine große Bestandsaufnahme zur weltweiten Artenvielfalt. Die Schlagzeile war aufrüttelnd: Innerhalb der nächsten Jahrzehnte werden durch den Einfluss des Menschen bis zu 1 Million Tier- und Pflanzenarten an den Rand der Ausrottung gedrängt. Die Rate, mit der Spezies heute aussterben, sei Hunderte Male höher als im Durchschnitt der vergangenen 10 Millionen Jahre. Experten sprechen auch vom »sechsten Massenaussterben« in der Geschichte des Lebens auf der Erde. (Für das unmittelbar vorangegangene Massensterben sorgte vor rund 66 Millionen Jahren ein kilometergroßer Asteroid.)

Aber nicht nur das Verschwinden von Arten ist alarmierend. Forscher sind auch besorgt darüber, dass regionale Tier- und Pflanzenpopulationen – ebenso wie ihre Lebensräume – immer kleiner werden.[42] Die Natur- und Umweltschutzorganisation WWF hat 200 Öko-Regionen weltweit identifiziert, die für die Artenvielfalt besonders wichtig sind: darunter das afrikanische Kongo-Becken und natürlich auch das Great Barrier Reef. Viele dieser biologischen Hotspots seien Forschern zufolge schon heute unter starkem Druck.[43] Im Lauf dieses Jahrhunderts könnten sie ganz verloren gehen.

Doch nicht nur das Great Barrier Reef, sondern *alle* Korallenriffe, der ganze Lebensraumtyp wird durch steigende Temperaturen und Ozeanversauerung ausgelöscht. Denn Korallen können nicht in kühlere Gewässer auswandern. Und »saurer« werden die Meere überall. Experten erwarten, dass die Riffe schon in den kommenden 20 Jahren rapide verfallen könnten. 500 Millionen Menschen, die auf sie angewiesen sind, weil Korallenriffe ihnen Nahrung, Einkommen und Küstenschutz bieten, würde das »vor fundamentale Herausforderungen stellen«. Sollte das Pariser Klimaabkommen mit seinem 1,5-Grad-Ziel in den kommenden zehn Jahren nicht umgesetzt werden, wären Hunderte Millionen Menschen »von Armut und sozialen Verwerfungen bedroht«.[44]

Hunger

Die Biologie-»Experten« und Klimaleugner von der AfD behaupteten in ihrem Wahlprogramm 2017, CO_2 sei »kein Schadstoff, sondern eine unverzichtbare Voraussetzung für alles Leben«.[45] Nun ja, zumindest das mit der Voraussetzung stimmt. Pflanzen brauchen CO_2 zum Leben. Vielleicht beschleunigt ein höherer Kohlendioxidgehalt der Luft sogar das Pflanzenwachstum? (Immerhin hat sich die CO_2-Konzentration der Atmosphäre seit 1850 fast verdoppelt.) Auch das ist richtig. Das Problem ist allerdings, dass die negativen Auswirkungen der Erderhitzung – mehr und längere Hitzeperioden, veränderte Niederschläge, trockenere und ärmere Böden – die wachstumsbeschleunigende Wirkung einer höheren CO_2-Konzentration bei Weitem überwiegen. CO_2 ist eben doch ein Schadstoff – für das Klima und damit auch für die Nahrungsmittelproduktion.

Neben Hitze und Dürre gibt es noch einen weniger offensichtlichen, aber nicht weniger bedeutsamen Prozess, der zu geringeren Ernteerträgen führen wird: die Bodenerosion. Die oberste, kohlenstoffreiche und fruchtbare Schicht des Bodens ist überall dort in Gefahr, wo Niederschläge heftiger werden. Denn bei extremen Regenfällen, selbst wenn sie nur wenige Minuten andauern, können große Mengen fruchtbaren Bodens abgetragen werden und über die Flüsse im Meer verschwinden. Beispiel Indien: Zwischen 1950 und 2015 registrierten Forscher eine Zunahme der extremen Regenfälle um den Faktor drei. Wolkenbrüche, schlammige Rinnsale, Bäche und Flüsse haben nicht nur hier zu einer deutlichen Verarmung des Bodens beigetragen.

Auf der anderen Seite drohen Ernten zu verdorren: In einer aktuellen Studie stellt der IPCC fest: Bei einer Erwärmung um 4 Grad wären statt 15 Prozent (das ist der Stand heute) im Jahr 2100 sogar 44 Prozent der weltweiten Ackerflächen von lang anhaltender Trockenheit bedroht.[46] Dann würden auf der Nordhalbkugel rund 20 Prozent mehr Wasser für die künstliche Bewässerung gebraucht – besonders kritisch in Regionen, in denen das Süßwasser durch lang anhaltende Dürren ohnehin knapp wird. Schon heute lebt laut IPCC knapp ein Viertel der Weltbevölkerung in Gebieten, in denen es nicht genügend Trinkwasser gibt. Schon in zehn Jahren könnte es die Hälfte sein.

Zwar werden einzelne Feldfrüchte in bestimmten Regionen, wie zum Beispiel Soja in Nordeuropa, in einer wärmeren Zukunft besser gedeihen. Ganze Länder, zum Beispiel Finnland, würden von einer leichten Erwärmung zunächst profitieren. Doch bei einer Erwärmung um 4 Grad würden auch hier die Ernteerträge insgesamt zurückgehen – um rund 20 Prozent. Wesentlich härter aber wird der Rückgang der Erntemengen die tropischen Regionen treffen. So könnte im Afrika südlich der Sahara der Ertrag beim Grundnahrungsmittel Mais um ein Fünftel zurückgehen, bei den Bohnen sogar um zwei Drittel. Beim Weizen rechnet der IPCC mit einem Rückgang von bis zu 50 Prozent im tropischen Südamerika, im südlichen Afrika und in Teilen Südostasiens.

Problematisch sind nicht nur geringere Erträge: Viele wichtige Feldfrüchte bilden bei einem steigenden Kohlendioxidgehalt der Luft weniger Nährstoffe. Einer Studie zufolge könnten die Grundnahrungsmittel Weizen, Reis und Mais schon zur Jahrhundertmitte bis zu 17 Prozent weniger Eiweiß, Eisen und Zink enthalten.[47] Allein diese drei Getreidesorten tragen aber weltweit etwa zu zwei Dritteln zur Versorgung mit den untersuchten Nährstoffen bei – und sind damit von grundlegender Bedeutung für die Welternährung. Hunderte Millionen Menschen, so die Autoren der Studie, könnten lebensbedrohliche Mangelerscheinungen entwickeln. So kann zu wenig Zink im Körper insbesondere bei Kindern zu Malaria- und Lungeninfektionen oder zu tödlichem Durchfall führen, weil ein Defizit das Immunsystem schwächt. Allein in Indien könnten schon zur Jahrhundertmitte 50 Millionen Menschen von einem Zinkmangel betroffen sein.

Besonders in Regionen, die jetzt schon arm sind, könnten höhere Preise für Grundnahrungsmittel zu Hungerepidemien führen. Der IPCC rechnet damit, dass bis 2050 die Preise bis zu 29 Prozent anziehen könnten. Für viele Menschen, die schon heute am Existenzminimum leben, könnte es dann ums nackte Überleben gehen. Viele werden fliehen müssen.

Konflikte, Kriege und Migration

Mehr Überschwemmungen, mehr Hitze, weniger Trinkwasser, weniger Nahrung. Und das in Regionen, in denen die Bevölkerung sogar noch wächst: Es ist absehbar, dass es in den kommenden Jahrzehnten zu mehr Konflikten um Wasser, fruchtbares Ackerland und um noch bewohnbare Regionen geben wird. Die Forschung dazu steckt allerdings noch in den Kinderschuhen. Und auch der aktuelle IPCC-Report gibt sich zurückhaltend: »Änderungen des Klimas können umweltbedingte Migration verstärken, sowohl innerhalb von Ländern als auch grenzüberschreitend … Extremes Wetter und Klima oder schleichende, langfristige Veränderungen können dazu führen, dass mehr Menschen ihr Land verlassen müssen, dass Nahrungsketten unterbrochen werden oder Lebensgrundlagen verloren gehen, oder dass Stressfaktoren für Konflikte verschärft werden.«

In der Forschung ist noch umstritten, in welchem Ausmaß die Erderhitzung die Entstehung von Kriegen fördert. Doch so viel scheint sicher: Dürre und Wassermangel können *bestehende* Konflikte verschärfen. Beispiel Syrien: Was 2011 als Bürgerkrieg begann, hat bis heute Hunderttausende Tote gefordert und viele Millionen Syrer zur Flucht gezwungen. Und doch ist dieser schlimmste Konflikt der Gegenwart ursprünglich kein rein politischer.

Zwischen 2007 und 2010 hatte in Syrien eine Dürre geherrscht, wie sie seit Beginn der Wetteraufzeichnungen noch nie registriert worden war (eine Katastrophe, die durch die Klimaerwärmung um den Faktor zwei oder drei wahrscheinlicher geworden war). Die Folge: Familien, die von der Landwirtschaft gelebt hatten, mussten in die Städte abwandern, um zu überleben.[48] Schätzungen zufolge wanderten 1,5 Millionen Syrer aus ländlichen Regionen in die Metropolen ab – wo sie auf ebenso viele Flüchtlinge aus dem Irak trafen. So verschärften die Zuwanderer ohnehin schwelende soziale, ethnische oder wirtschaftliche Konflikte, Arbeitslosigkeit und Kriminalität nahmen zu. Gleichzeitig haben sich die Nahrungsmittelpreise seit 2007 verdoppelt. Unter dem Druck dieser Stressfaktoren mündete der zunächst friedliche Protest für demokratische Reformen in eine Spirale der Gewalt. Auch in anderen gewaltsamen Konflikten, etwa in Ruanda und im Sudan, sehen Forscher Auswirkungen der Klimaerwärmung.

Vor dem immer noch andauernden Krieg und der Zerstörung in Syrien mussten seither Millionen Menschen fliehen. Auch nach Europa. Wenn die Forscher recht haben, war die sogenannte Flüchtlingskrise von 2015, als vor allem Bürgerkriegsflüchtlinge aus Syrien nach Deutschland kamen, eine indirekte Folge der Klimaerwärmung.

Einen Zusammenhang zwischen Flüchtlingsströmen und dem Klima gibt es auch in anderen Ländern. Und auch in Mittelamerika, besonders in Guatemala, El Salvador und Honduras, sind es Trockenheit und Bodenerosion, die die Menschen zwingen, ihr Land zu verlassen und anderswo ihr Glück zu versuchen.

Viele Menschen in dieser Region leben von dem, was der Boden hergibt. Und das ist immer weniger. Seit 1950 sind die Temperaturen in Mittelamerika schon um 0,5 Grad angestiegen. Und bis zur Mitte des Jahrhunderts sollen weitere 1 bis 2 Grad hinzukommen. Experten rechnen für die Zukunft mit noch weniger Regen und längeren Dürreperioden. Gleichzeitig werden Überschwemmungen zunehmen, vor allem in Honduras. Bis zum Ende dieses Jahrhunderts werden bis zu 28 Prozent der Küsten El Salvadors vom Meeresspiegelanstieg bedroht sein.[49]

Steigende Temperaturen bringen auch das wichtigste Exportgut des Landes – den Kaffee – in Gefahr, denn Kaffeepflanzen brauchen kühle Nächte und ausreichend Wasser. Zusätzlich bedrohen Pflanzenkrankheiten und niedrige Kaffeepreise auf dem Weltmarkt die Existenz der Bauern.

Nach Schätzungen der Vereinten Nationen könnten im Jahr 2050 bis zu 1 Milliarde Menschen auf der Flucht vor den Folgen der Klimakatastrophe sein. Nicht alle von ihnen werden Grenzen überschreiten. Die Weltbank rechnet einem aktuellen Report zufolge damit, dass bis zur Mitte des Jahrhunderts mehr als 143 Millionen Menschen fliehen müssen. Aber nicht nach Norden – sondern innerhalb der Grenzen ihres Landes.[50]

Die erwarteten Flüchtlingsströme machen deutlich: Mit der maßlosen Verschmutzung der Erdatmosphäre beschwört der wohlhabende globale Norden den größten globalen Akt der Ungerechtigkeit, die größte Menschenrechtsverletzung in der Geschichte der Menschheit herauf.

Warum das Klima uns krank macht

Wenn von einem Temperaturanstieg von heute 1 oder um 2100 von 4 Grad die Rede ist, wird eines leicht vergessen: Es handelt sich um einen *globalen Durchschnittswert.* Das bedeutet: Regional kann der mittlere Temperaturanstieg auch doppelt so hoch ausfallen. Und zwar am ehesten dort, wo Menschen leben. Denn die Landmassen der Erde erwärmen sich schneller als die Ozeane; Forscher beobachten hier einen überproportional hohen Temperaturanstieg. Gesundheitsexperten und Wissenschaftler sehen darum in den Folgen der Erderhitzung für die menschliche Gesundheit die »wichtigste Bedrohung des 21. Jahrhunderts«.

Eine Bedrohung, die – wieder – vor allem die Armen trifft: Im Vergleich zu den entwickelten Nationen des globalen Nordens sind die weniger entwickelten des globalen Südens Stürmen und Hochwasserkatastrophen fast schutzlos ausgeliefert. Ein wissenschaftlicher Report bring die Ungleichheit auf den Punkt: »Wenn Naturkatastrophen zuschlagen, dann führt das in entwickelten Ländern zu einem ökonomischen Schaden, aber wir verlieren keine Menschen. In Entwicklungsländern dagegen verlieren wir Menschenleben.«[51]

Neben Naturkatastrophen warnen die Forscher vor allem vor den Folgen zunehmender Hitze. Zwischen den Jahren 2000 und 2016 stiegen die Temperaturen, denen Menschen durchschnittlich ausgesetzt waren, dreimal so schnell wie das weltweite Temperaturmittel. Immer mehr Menschen sind Hitzewellen ausgesetzt, die den Kreislauf belasten – und im schlimmsten Fall zu Hitzschlag, Herz- oder Nierenversagen führen können. Einen vorläufigen Rekord markierte das Jahr 2015 mit 175 Millionen betroffenen Menschen. Besonders gefährdet sind dabei Säuglinge, ältere und kranke Menschen. Und Menschen, die in Metropolen leben. Denn die heizen sich gegenüber dem Umland noch stärker auf. Während der Hitzewelle in Europa im Sommer 2003 starben rund 75 000 Menschen vorzeitig. Unter anderem weil sie sich in den heißen Nächten nicht vom Hitzestress des Tages erholen konnten.

Schon heute können Menschen im Freien weniger arbeiten, weil es einfach zu heiß ist. Addiert man die verringerte Arbeitsleistung für das Jahr 2016, fielen fast 1 Million Arbeitnehmer und Arbeitnehmerinnen wegen zu großer Hitze aus – mehr als 400 000 von ihnen allein in Indien. In den engen Gassen der Megacitys kämpfen die Händler und Arbeiter zusätzlich mit der heißen Abluft der Klimaanlagen, die das Arbeiten in Innenräumen erträglich machen. Leben und arbeiten wird im Zuge der Klimaerwärmung in den Tropen und Subtropen fast nur noch in klimatisierten Räumen möglich sein. Gleichzeitig können sich immer mehr Menschen in den Schwellenländern eine Klimaanlage leisten. Ironischerweise zeigt sich schon heute, dass dieser Extra-Stromverbrauch das Klima zusätzlich aufheizt.[52]

Tropische Krankheiten im Anmarsch

Neben Hitzestress im Hochsommer gibt es noch weniger offensichtliche Gefahren eines Temperaturanstiegs. So gibt es in Europa immer mehr Berichte über Infektionskrankheiten, die bislang nur aus südlicheren Breiten bekannt waren.

In Südeuropa schon länger bekannt ist zum Beispiel das West-Nil-Virus, das von Stechmücken auf Menschen und Tiere übertragen wird. In den meisten Fällen verläuft die Krankheit harmlos, aber es kann auch zu schweren Symptomen kommen. 2019 gab es den ersten Fall in Deutschland: Der Patient kam mit einer Gehirnentzündung ins Krankenhaus. Das Virus stammt ursprünglich aus Nordafrika, verbreitet sich aber in kürzester Zeit über Tausende von Kilometern. Der Grund: Es sind vor allem Zugvögel infiziert, die jedes Jahr weite Strecken überwinden. Experten vermuten, dass die warmen und trockenen Sommer der vergangenen Jahre zur Ausbreitung nördlich der Alpen beigetragen haben. Sie rechnen künftig mit mehr Infektionen, nicht nur in Deutschland.

Nicht nur Erreger, auch ihre Überträger haben ihre individuelle Wohlfühltemperatur. Wird es global wärmer, werden auch bislang relativ kühle Breiten attraktiver für beide. Das gilt auch für die Gelbfieber-Mücke *Aedes aegypti* und die Asiatische Tigermücke *Aedes albopictus.* Modellrechnungen zufolge könnten die

Blutsauger bei einem ungebremsten Temperaturanstieg schon um 2080 auch in weiten Teilen Sibiriens und Nordeuropas heimisch sein.[53] Und mit ihnen die Erreger des Dengue- und des Gelbfiebers, das Zika- und das Chikungunya-Virus. Forscher schätzen, dass durch das veränderte Erdklima bis zu 1 Milliarde Menschen zusätzlich durch Tropenkrankheiten bedroht sind, die von Mücken übertragen werden. Und das vor allem in Europa.

Allerdings steigt das Ausbreitungsrisiko nicht proportional zur Temperatur. Im *Worst-case*-Szenario mit rasanten globalen Temperaturanstiegen wird es in manchen tropischen Regionen selbst der Tigermücke zu heiß. Bei einer mittleren Erwärmung dagegen könnte sie bleiben – und sich gleichzeitig deutlich weiter nach Norden ausbreiten.

Ebola wird sich weiter ausbreiten

Gefährliche Infektionskrankheiten werden sich nicht nur in Süd-Nord-Richtung ausbreiten, sondern auch *innerhalb* von Ländern. Ein Beispiel ist Ebola. Mit dem gefährlichen Virus infizierten sich während der bislang schwersten Epidemie von 2014 bis 2016 in Westafrika fast 29 000 Menschen, mehr als 11 000 von ihnen starben. Auch der wirtschaftliche Schaden war immens. So schätzt die Weltbank, dass allein in den drei am stärksten betroffenen westafrikanischen Ländern Kosten in Höhe von umgerechnet 2 Milliarden Euro entstanden sind – durch eine brachliegende Infrastruktur, durch Massenmigration, Arbeitskräftemangel in der Landwirtschaft und durch ein überlastetes Gesundheitssystem.

Ausbrüche wie diesen kann es Experten zufolge in Zukunft häufiger geben. Der Grund dafür sind Fledermäuse und andere Tiere, die das Virus übertragen; denn sie werden sich im Verlauf der Klimaerwärmung weiter ausbreiten.[54] Insgesamt wurden seit der Entdeckung des Virus im Jahr 1976 etwa 23 solcher Ausbrüche registriert. Sollte die Erderwärmung und die Bevölkerungsentwicklung ungebremst voranschreiten, könnten sich bis zum Jahr 2070 dreimal mehr Menschen infizieren als unter heutigen Bedingungen. Das bedeutet: Epidemien werden häufiger auftreten – und verheerender wüten.

Wie die Erderwärmung auf die Psyche schlägt

Neben den unmittelbaren Folgen höherer Temperaturen für Mensch, Natur und Umwelt gibt es auch weniger offensichtliche: Das Klima beeinflusst unser Verhalten und könnte sich folglich auch auf das Klima in der Gesellschaft auswirken. So zeichnet sich schon heute ab, dass Menschen auch in gemäßigten Breiten bei steigenden Temperaturen »hitzköpfiger«, unüberlegter, aggressiver werden. Auch das logische Denken leidet, wenn Hitzewellen zuschlagen. Die Forschung dazu befindet sich zwar noch im Anfangsstadium. Aber schon 2014 wies der US-amerikanische Politikwissenschaftler Matthew Ranson auf diesen Zusammenhang hin.[55] Er glich die Kriminalitätsstatistiken und Wetterdaten aus drei Jahrzehnten von 3000 US-Landkreisen ab und kam so zu einer beängstigenden Prognose: Zwischen 2010 und dem Ende des Jahrhunderts wird es klimabedingt in den USA – unter anderem – 22 000 zusätzliche Morde, 180 000 Vergewaltigungen und 1,2 Millionen Fälle von schwerer Körperverletzung geben.

Die Erderwärmung macht uns Menschen noch auf eine andere, subtilere Weise zu schaffen, indem sie unsere unmittelbare Umwelt – sei es schleichend, sei es durch Naturkatastrophen – unwiderruflich verändert. Und uns damit das Gefühl des Geborgenseins in der natürlichen Umwelt raubt.

Offensichtlich wird das am Beispiel der Spätfolgen von Katastrophen wie dem Jahrhundert-Hurrikan »Katrina« (2005). Nach dem Desaster entwickelte jeder zweite Einwohner der betroffenen Regionen eine Depression oder eine Angststörung,[56] jeder sechste sogar eine Posttraumatische Belastungsstörung (PTBS), wie sie von Soldaten bekannt ist, die aus gefährlichen Kriegseinsätzen zurückkehren. Sowohl die Häufigkeit von Selbstmordgedanken als auch die Zahl der vollzogenen Suizide verdoppelten sich.

Für das Gefühl von Identitätsverlust und Machtlosigkeit haben Psychologen mittlerweile sogar einen eigenen Begriff geprägt: Solastalgie, eine Neubildung aus *solace* (englisch für Trost) und *nostalgia* (griechisch-neulateinisch für Sehnsucht nach Vergangenem). Gemeint ist damit eine Sehnsucht nach dem Gefühl der Sicherheit in der gewohnten natürlichen Umgebung. Eine Sicherheit, die zum Beispiel auch vielen Opfern der Überschwemmungen im Winter 2013/14 in England abhandengekommen ist. Entwickelt wurde das Konzept von australischen Psychologen, die die Auswirkungen von lang anhaltenden Dürren und Umweltzerstörungen durch den Kohletagebau im Südosten Australiens untersucht hatten.

Besonders oft sind Menschen mit einer naturverbundenen Lebensweise betroffen, so zum Beispiel die nordamerikanischen Inuit. Unter ihnen sind Depression und Alkoholismus teilweise stark verbreitet – einer der Gründe dafür ist nach neuesten Erkenntnissen die Veränderung ihrer Umwelt. Das Meereis schwindet, und die Küsten erodieren: Natürliche Gegebenheiten, die jahrtausendelang zum kulturellen Selbstverständnis gehörten, werden innerhalb von Jahrzehnten unsicher oder verschwinden. »Wir sind Menschen des Eismeers. Wenn es aber kein Eismeer mehr gibt, wie können wir dann noch Menschen des Eismeers sein?«, zitiert die Umweltforscherin Ashlee Cunsolo einen Betroffenen.[57] Und fügt hinzu: »Das ist eine sehr existenzielle Frage, und es ist eine Frage, die in diesen Zeiten der Veränderung rund um den Globus hallt.«

Neben dem schieren Hunger, neben Krankheit und Hitzestress, neben dem Verlust von Haus, Hütte, Äckern und Besitz durch Dürren und Überschwemmungen tritt eine weitere Folge der Erderwärmung: der Verlust der Heimat, wie wir sie kennen. Und das betrifft uns alle. Wenn nicht ökonomisch, dann als psychische Belastung. Es ist wohl kein Zufall, dass der Protest der Fridays-for-Future-Bewegung gerade zu einer Zeit Fahrt aufnahm, als der Wald in Mitteleuropa zu verdorren begann.

Unterschätzen wir das Problem?

Es gibt inzwischen zahlreiche Hinweise, dass wir das Problem nicht über-, sondern systematisch *unter*schätzen. Einer davon hat mit dem 2-Grad-Ziel zu tun.

2 Grad Erwärmung gegenüber vorindustriellen Zeiten: Das ist der Wert, auf den die Weltöffentlichkeit seit Jahren wie gebannt starrt. Denn was dieser Wert suggeriert, ist: Sicherheit. Er soll die Grenze markieren, innerhalb derer die Auswirkungen der Klima-Kernschmelze gerade noch kontrollierbar sind. Und weil es in politischen Debatten hilfreich ist, einfache und konsensfähige Ziele zu formulieren, auf die sich möglichst viele einigen können, hat die Weltgemeinschaft sich im Jahr 2010 auf der UN-Klimakonferenz in Cancún erstmals zu diesem Ziel bekannt. »Zwei Grad« – das schien damals noch weit weg.

Fünf Jahre später, auf der Pariser Klimakonferenz, wurde dieses Ziel sogar noch einmal verschärft. »Deutlich unter zwei Grad«, möglichst nicht mehr als 1,5 Grad sollten es nun sein. Dieser Zusatz verdankte sich allerdings nicht ermutigenden Fortschritten beim internationalen Klimaschutz. Sondern er geht zurück auf eine Initiative der kleinen Inselstaaten. Die hatten aus ihrer Perspektive nahe dem Meeresspiegel verstanden, dass bei einer Erwärmung um 2 Grad überhaupt nichts sicher ist – außer ihrem eigenen Untergang.

Mit solchen Sorgen waren sie nicht allein. Schon 2011 hatte der NASA-Forscher James Hansen gewarnt, das 2-Grad-Ziel sei das »Rezept für eine Katastrophe«.[58] Und zwar nicht nur für niedrig liegende Inselstaaten. Hansen hatte Klimadaten der vergangenen Jahrmillionen ausgewertet und war zu einem erschreckenden Ergebnis gekommen: Selbst ein Anstieg um »nur« 2 Grad würde dazu führen, dass der Planet im Laufe von Jahrhunderten seine Eiskappen verliert. Mit der Folge, dass der Meeresspiegel um Dutzende Meter ansteigt und sich die Lebensbedingungen, in denen sich die menschliche Zivilisation über Jahrtausende entwickelt hat, schockartig verändern. Der Grund dafür sind sogenannte Kipppunkte, Prozesse, die beim Erreichen bestimmter Temperaturgrenzen die Erderwärmung beschleunigen.

So führt etwa das Abschmelzen der Schnee- und Eismassen dazu, dass das darunterliegende Festland und das dunklere Wasser mehr Strahlungsenergie von der Sonne aufnehmen und sich stärker erwärmen. Was wiederum zu einer verstärkten Eisschmelze führt. Tauende Permafrostböden in der Arktis würden wiederum enorme Mengen CO_2 und Methan freisetzen – die ihrerseits den Treibhauseffekt verstärken.

Zur Erinnerung: Wir stehen heute bei 1,1 Grad Erwärmung, und alle zehn Jahre kommen rund 0,17 Grad hinzu. Setzt die Menschheit ihren heutigen Kurs fort, erreichen wir am Ende des Jahrhunderts 4 Grad und mehr.[59] Was soll das werden, wenn nach Meinung eines ehemaligen hochrangigen NASA-Forschers 2 Grad schon eine »Katastrophe« bedeuten?

Zerstörerische Gleichzeitigkeit

Schon heute zeichnen sich Konturen dieser Megakatastrophe ab. Nämlich dort, wo mehrere Klimafolgen gleichzeitig zuschlagen.

Immer mehr Forscher weisen darauf hin, dass die oben skizzierten Klimafolgen nicht isoliert betrachtet werden dürfen. Denn sie treten schon heute auch in Kombinationen auf und entfalten eine besonders zerstörerische Wirkung. Wissenschaftler der

Universität von Hawaii nennen als Beispiel Florida im Sommer 2018: Erst traf den US-Bundesstaat eine extreme Dürre mit Rekordtemperaturen und mehr als 100 Waldbränden. Dann wütete im Norden auch noch der Hurrikan »Michael«, der stärkste hier jemals registrierte Sturm.

In einem reichen Land wie den USA sind die Folgen solcher kombinierter Klimaauswirkungen zwar immer noch katastrophal genug. Doch wohlhabende Gesellschaften können sie mit einem gut ausgestatteten Katastrophenschutz und finanziellen Mitteln vergleichsweise leicht bewältigen. Anders sieht es in ärmeren Ländern aus, in denen sich die Folgen der Klimaerwärmung besonders heftig zeigen werden. Die Autoren der Studie gehen davon aus, dass bis zum Ende des Jahrhunderts ein Großteil der Menschheit »bis zu drei Klimafolgen« gleichzeitig ausgesetzt sein wird. Das kann die Ausbreitung von Infektionskrankheiten sein, aber auch Nahrungsmittel- und Wasserknappheit, zerstörte Infrastruktur oder wirtschaftlicher Schaden. Sollte die Klimaerwärmung ungebremst voranschreiten, wären vor allem die Küstenregionen Südostasiens, Ost- und Westafrikas sowie die Atlantikküste Süd- und Mittelamerikas betroffen – von bis zu sechs Klimafolgen gleichzeitig.[60]

Das Ende der Menschheit?

Warnungen von Wissenschaftlern gibt es zuhauf: eine dringlicher als die andere. Doch solange die Weltgemeinschaft sich zu keinem effektiven Klimaschutz aufrafft, ist die Gefahr groß, sich zu wiederholen – und im Chor der Warnrufer unterzugehen.

Doch Anfang des Jahres 2019 horchte die globale Öffentlichkeit noch einmal auf: Australische Forscher hatten ein Papier veröffentlicht, in dem sie den Weltklimarat IPCC beschuldigten, die Erderwärmung und ihr Gefahrenpotenzial zu unterschätzen.[61] Schon zur Jahrhundertmitte, so die Forscher, könnte wegen starker Rückkopplungseffekte im Klimasystem eine zusätzliche Erwärmung von 3 Grad erreicht sein. Die Folgen:

- Mehr als die Hälfte aller Menschen auf der Erde wäre mindestens 20 Tage im Jahr tödlicher Hitze ausgesetzt.
- Fast ein Drittel der Landflächen wäre von Dürre betroffen, Wüsten würden sich ausbreiten, besonders im südlichen Afrika, im südlichen Mittelmeergebiet, im westlichen Asien, im Mittleren Osten, Australien und im Südwesten der USA.
- 1 Milliarde Menschen müsste vor Hitze, Dürre und Überschwemmungen fliehen.
- Da die Welternte um ein Fünftel zurückgeht, der Nährstoffgehalt sinkt und Insekten verschwinden, schießen die Nahrungsmittelpreise in die Höhe.
- Die tiefer liegenden, fruchtbaren Mündungsbereiche von Mekong, Ganges und Nil werden überflutet, ebenso Teile der Megacitys Mumbai, Jakarta, Guangzhou, Hongkong, Schanghai, Bangkok und Manila.
- Bangladesch verliert 10 Prozent seiner Landesfläche, 15 Millionen Menschen müssen fliehen.

Die Forscher resümieren: Schon 2050 könnten »massive nicht lineare Ereignisse in der globalen Umwelt massive, nicht lineare gesellschaftliche Ereignisse hervorrufen«. Die Gesellschaften sind mit den Veränderungen und Herausforderungen überfordert, der soziale Zusammenhalt bröckelt in vielen Ländern unter dem Druck einer dramatisch anwachsenden Migration und eines immer extremeren Wetters. Bewaffnete Konflikte um Ressourcen – auch unter dem Einsatz von Atomwaffen – werden wahrscheinlicher, religiöser Eifer als gesellschaftliches Phänomen nimmt zu. Ganze Gesellschaften stürzen ins Chaos, weil sie sich auf derart rapide Umwälzungen nicht vorbereitet haben. Die Autoren zitieren den Klimaforscher Hans Joachim Schellnhuber, der die Zivilisation am Abgrund sieht: »Der Mensch wird irgendwie überleben. Aber wir werden fast alles zerstören, was wir in den vergangenen 2000 Jahren aufgebaut haben.«[62]

Ist das Panikmache? Eine säkulare Version der biblischen Apokalypse? Die Autoren stützen sich – ebenso wie der renommierte Klimaforscher Hans Joachim Schellnhuber – auf zahlreiche wissenschaftliche Studien. Darunter auch auf einen aktuellen Report der Stockholmer Global Challenges Foundation, demzufolge schon bei einer Erwärmung um 2 Grad das Ausmaß der Zerstörung jenseits unserer Fähigkeit zur Anpassung liegen könnte.[63] Und das bedeutet schlimmstenfalls das Ende der menschlichen Zivilisation. Laut einer Umfrage unter Wissenschaftlern gibt es sogar eine 19-prozentige Chance, dass die gesamte Menschheit das Ende des 21. Jahrhunderts nicht erlebt.[64]

Was die australischen Forscher beschreiben, ist keine Prognose und keine Science-Fiction. Sondern ein mögliches Szenario. Eine Projektion sich beschleunigender Trends, die sich heute schon abzeichnen. Es sei aber noch nicht zu spät, ergänzen die Forscher, um das Schlimmste zu verhindern. Dazu seien allerdings Anstrengungen nötig, wie die Menschheit sie seit der Mobilmachung im Zweiten Weltkrieg nicht mehr gesehen hat.

Wie reagieren wir auf solche Aussichten? Die Mobilmachung zur Rettung der Erde, ohne Beispiel in der Geschichte der Menschheit, ist bislang ausgeblieben. Es scheint eher, als seien die meisten Gesellschaften in leer laufenden Diskursen und Konferenzen gefangen, die kaum jemals zu messbaren Ergebnissen kommen. Gut gemeinte Appelle, Lippenbekenntnisse, falsche Versprechungen und vor allem: *business as usual.* Das ist kein Versagen der Mächtigen oder der politisch Verantwortlichen. Daran haben wir alle – so eine These dieses Buches – einen Anteil. Denn die überwiegende Mehrzahl der Menschen in den reichen Ländern des globalen Nordens ist genauso untätig wie die Menschen, von denen sie gerne mal ein »entschlossenes Handeln« einfordert. Und versteckt sich dabei hinter Phrasen, Schlagwörtern und Gemeinplätzen.

Sie werden in TV-Talkrunden gedroschen, in Bundestagsdiskussionen durch alle Parteifarben dekliniert, bevölkern die Nachrichten ebenso wie Facebook-Kommentare oder Gespräche mit Nachbarn. Sie sind allgegenwärtig – und mächtig. Wir benutzen sie unabhängig von Bildung, Alter, Geschlecht und Herkunft. Und sie haben viel mit Gefühlen zu tun. Angst zum Beispiel. Könnte es sein, dass uns davor graut anzusehen, was wir angerichtet haben? Dass uns die Angst vor dem, was auf uns zukommt, lähmt? Die Angst vor möglichen Konsequenzen, vor Veränderungen in der Gesellschaft, in unserem eigenen Leben? Ist die Angst vor absehbaren Verlusten womöglich eine Triebkraft, die wir bislang unterschätzt haben? Ein Beispiel: Man könnte meinen, dass die Deutschen ein Tempolimit auf Autobahnen im Jahr 2020 mehr fürchten als das Zerbröseln der menschlichen Zivilisation im Jahr 2050. Diese Haltung ist kaum weniger gefährlich als die Klimakrise selbst.

Bloß keine Panik: 20 Floskeln, mit denen wir unsere Untätigkeit rechtfertigen

Jeder kennt solche Phrasen und Behauptungen. Sie sind praktisch täglich zu hören, sei es von wirklichen oder sogenannten Experten in den Medien oder im persönlichen Umfeld. Die eine oder andere erscheint vielleicht auch uns selbst plausibel. Was sie gefährlich macht: Sie rechtfertigen eigennütziges Verhalten und schwächen unsere Fähigkeit zur Kooperation.

»Das mit dem Klimawandel ist gar nicht so sicher!«

Will man von den Zumutungen der Klimakrise nichts wissen, so ist es das Einfachste, alles zu leugnen. »Stimmt ja alles gar nicht!« Wobei »einfach« nicht ganz richtig ist. Denn es gibt viele Menschen, die mit ihrer Weigerung, die Realität anzuerkennen, einen geradezu unglaublichen Aufwand betreiben.[65]

Man muss sich das vorstellen: Tausende Wissenschaftler arbeiten mit am Projekt »Klimaforschung«, seit 1990 veröffentlicht der

1988 gegründete Weltklimarat IPCC regelmäßig Hunderte Seiten starke Berichte und Sonderberichte. Die These von der menschengemachten Klimaerwärmung ist, solange sie nicht widerlegt wird, ein wissenschaftliches Faktum, abgesichert durch modernste Methoden und weltweit geltende Forschungsstandards: Der Mensch heizt durch die Verbrennung fossiler Energieträger die Atmosphäre auf – und das mit einem in der jüngeren Erdgeschichte nie da gewesenen Tempo. Trotzdem scheuen nicht wenige Menschen weder Zeit noch Mühe, abweichende Forschungsmeinungen aufzuspüren, die die Sonnenaktivität oder andere physikalische Faktoren für die beobachtete Erwärmung verantwortlich machen (sofern sie nicht gleich den Erwärmungstrend selbst bestreiten).

Seltsamerweise haben Klimawandelleugner (also Menschen, die nicht einfach unwissend oder schlecht informiert sind, sondern aktiv argumentieren) und sogenannte Skeptiker keine Scheu, sich in der Öffentlichkeit zu blamieren. Dafür gibt es im Wesentlichen drei Gründe:

1. Leugner halten sich für ein kleine, erlesene Schar von Auserwählten, die einsam und heroisch gegen eine große Verschwörung von Wissenschaft und Politik zu Felde ziehen. Je größer die Einigkeit der Wissenschaftler und die Zustimmung der Politik, je sicherer die Erkenntnisse und Modellrechnungen – desto heroischer, aufopferungs- und verdienstvoller der Kampf: ein starkes Narrativ, gegen das man mit keiner Grafik, keinem Computermodell, keinem Faktum ankommt. Diskussionen mit Klimawandelleugnern sind vertane Zeit. Menschen, die schlecht informiert sind, kann man aufklären und überzeugen. Verschwörungstheoretiker nicht.

2. Manche dagegen lehnen nicht die Wissenschaft an sich ab und leugnen auch nicht den beobachteten Temperaturanstieg. Sie bezweifeln aber die menschliche Ursache. Das Motiv liegt auf der Hand. Denn wenn die Forscher recht hätten, dann wäre ja der Mensch, dann wären wir alle schuld an einer epochalen, globalen Katastrophe. Kann das sein? *Darf* das sein? Solange es auch nur den Hauch einer Chance gibt, dass die Forschung irrt, werden diese Leugner, die sich selbst gerne »Skeptiker« nennen, behaupten: »Die (Mainstream-)Forschung irrt! Hört auf die anderen, die Zweifler!« Übrigens gibt der IPCC selbst ihnen unbeabsichtigt Futter – indem er in seinen Berichten standardmäßig von unterschiedlichen Graden der »Sicherheit« (*certainty*) spricht, mit denen Klimafolgen eintreten werden. Wenn etwas aber nicht *vollkommen* sicher ist – ist es dann nicht »unsicher«?

3. Leugner haben aufmerksame Zuhörer. Sie können in Talkrunden und Debatten selbstbewusst auftreten, weil sie wissen: Wissenschaftlicher Konsens und Mainstream ist für die breite Öffentlichkeit meist langweilig – im Gegensatz zu randständigen Meinungen von wissenschaftlichen oder pseudowissenschaftlichen »Rebellen«. Die Erzählung vom einsamen Kampf gegen die Übermacht ist einfach interessanter. Zudem sprechen die Leugner und Zweifler natürlich auch den Leugner und Zweifler in ihren Zuhörern an. Würden wir es nicht alle irgendwie gut finden, wenn der Mensch *nicht* schuld wäre an der Klimaerwärmung (und wir weitermachen könnten wie bisher)?

Es ist übrigens nicht so, dass unter dem zunehmenden Druck der Beweislage die Stimmen der Leugner leiser werden. Im Gegenteil. Zwar sind Klimawandelleugner in Europa bei Weitem nicht so einflussreich wie etwa in den USA. Doch neuerdings finden sich auch im Deutschen Bundestag ganz offizielle Klimawandelleugner. Die AfD, die in der Bundestagswahl 2013 noch an der 5-Prozent-Hürde scheiterte, wurde 2017 drittstärkste Kraft im deutschen Parlament – mit Klimaleugnung im Gepäck. In ihrem Wahlprogramm[66] bezweifelt die Partei, dass die Erwärmung menschengemacht sei, fordert den Austritt Deutschlands aus dem Pariser Klimaabkommen und verlangt: »Deutschland soll aus allen staatlichen und privaten ›Klimaschutz‹-Organisationen austreten und ihnen jede Unterstützung entziehen.« Damit trifft die AfD offenbar den Nerv eines Teils der Bevölkerung: Einer Umfrage aus dem Jahr 2016 zufolge glauben 6 Prozent der Befragten nicht, dass es den Klimawandel gibt. Und nur 15 Prozent von ihnen sind überzeugt, dass er ausschließlich durch den Menschen verursacht sei.[67]

Am Beispiel AfD zeigt sich noch ein weiteres, mächtiges Motiv der Leugner: Sollte die Sache mit dem menschengemachten Klimawandel stimmen, wäre die Erzählung vom unaufhörlichen menschlichen Fortschritt in Gefahr. Wer aber im Fortschritt (verstanden als technologischer Fortschritt) so etwas wie den Sinn menschlicher Gesellschaften sieht – und das tut nicht nur die AfD – kann unmöglich akzeptieren, dass der Mensch nicht *trotz*, sondern *wegen* immer raffinierterer Technologien und mehr Effizienz seine eigenen Lebensgrundlagen zerstört. Darum hat die AfD in ihrem Wahlprogramm von 2017 ihre Ausführungen zu Klima und Energiepolitik unter die Überschrift gestellt: »Schluss mit der Technologiefeindlichkeit«.

Es ist im Übrigen kein Zufall, dass diese Partei nicht nur die Zukunft, sondern auch die Vergangenheit verharmlost – besonders die zwölfjährige deutsche Gewaltherrschaft des Nationalsozialismus. Mit Schuld, Scham und Verantwortung haben AfDler offenbar ein generelles Problem. Und mit ihnen ein wachsender Teil der deutschen Bevölkerung.

Die Psychiaterin und Sterbeforscherin Elisabeth Kübler-Ross identifizierte Ende der 1960er-Jahre verschiedene Stadien des Sterbeprozesses. Nach ihren Erfahrungen aus der Sterbebegleitung ist das Erste dieser Stadien die Leugnung. Wer etwa die Diagnose »Krebs« bekommt, wird spontan versuchen, die medizinisch gesicherte Erkenntnis abzuwehren: Es kann einfach nicht sein. Das Leugnen ist die naheliegendste und einfachste Art, die Realität zu verdrängen – eine ebenso spontane wie verständliche Reaktion. Doch während der Krebskranke ohne Konsequenzen für andere bis zum Schluss seine Krankheit leugnen kann, wird die Sache bei der Klimaerwärmung gefährlich, und zwar im ganz großen Maßstab. Denn jetzt ist Gefahr im Verzug – für Hunderte Millionen Menschen, für die ganze Biosphäre des Planeten. Und Leugnung zementiert nur unsere Untätigkeit.

»Ist doch schön, wenn's wärmer wird!«

Wäre doch gelacht, wenn man der Erderwärmung nicht auch irgendetwas Positives abgewinnen könnte! Angesichts der allgegenwärtigen, düsteren Prognosen, der Unausweichlichkeit von Meeresspiegelanstieg und Wüstenbildung stellt sich schon mal die Frage: Hat das alles nicht auch irgendwelche günstigen

Effekte? Es kommt auf den Standpunkt des Betrachters an: So sehen es Ölkonzerne natürlich »positiv«, dass sie künftig auch die Erdölvorkommen der Arktis ausbeuten können. (Weniger positiv ist, dass die Konzerne damit die Ursache für diese katastrophale Umweltveränderung, nämlich die Klimakrise, weiter vorantreiben.)

Als positiv könnte man auch ansehen, dass im norddeutschen Flachland zukünftig Bordeaux-Weine reifen. Oder dass es an den deutschen Küsten, die als Urlaubsziele immer beliebter werden, wärmer wird. Doch die Vorliebe der Deutschen für mediterrane (Wasser-)Temperaturen und laue, weinselige Abende auf der Terrasse sollte nicht darüber hinwegtäuschen, dass derselbe Temperaturanstieg in Äquatornähe zunehmend über Leben und Tod, über »Bleiben« oder »Fliehen« entscheidet. Und selbst hierzulande richten höhere Temperaturen und Trockenheit noch genug Schäden an: Vertrocknende Ernten und Wälder, giftige Algenblüten in Nord- und Ostsee sind die Kehrseite von Temperaturen, die uns vielleicht an sorglose Urlaube am Mittelmeer erinnern.

»Deutschland ist nur für 2 Prozent der globalen CO_2-Emissionen verantwortlich.«

Man kann fast darauf wetten: In Diskussionen über den internationalen Klimaschutz kommt irgendwann der Hinweis, dass Deutschland ohnehin nur für 2 Prozent der weltweiten Emissionen verantwortlich sei. Zwei Hundertstel – das klingt wie

»ziemlich wenig«, und genau so ist es auch gemeint. Es soll suggerieren: Was wir hier tun könnten, ist unterhalb der Wahrnehmungsgrenze. Selbst wenn wir in Deutschland noch heute alle Emissionen stoppten, hätte das fast keine Auswirkungen auf das Klima. Die Aussage ist eng verwandt mit dem »Argument«, man könne ja als Einzelne/r ohnehin nichts ausrichten.

Der Wert, auf den sich die Argumentation stützt (2 Prozent) stimmt zwar ungefähr. Doch die Schlussfolgerung – »Was wir hier machen, ist im globalen Maßstab egal« – ist Unsinn. Das hat das Portal Klimafakten.de analysiert.[68] Die drei wichtigsten Einwände:

Wenn sich alle Nationen, die weniger CO_2 als Deutschland emittieren (Österreich etwa trägt nur 0,2 Prozent zu den weltweiten CO_2-Emissionen bei), auf dasselbe Argument beriefen, wäre der internationale Klimaschutz am Ende. Verantwortung lässt sich nicht aufteilen oder delegieren. Oder, wie der Klimaforscher Stefan Rahmstorf argumentiert: »Würde man die gesamte Weltbevölkerung in 50 Gruppen einteilen, von denen jede 2 Prozent der globalen Emissionen verursacht –, folgt daraus dann, dass niemand etwas machen muss?«

Auch wenn China mit knapp 30 Prozent und die USA mit etwa 14 Prozent die beiden mit Abstand bedeutendsten CO_2-Luftverschmutzer der Welt sind: Das kleine Deutschland zählt immerhin noch zu den zehn größten Verursachernationen der Welt. Und trägt damit sogar eine besondere Verantwortung beim Klimaschutz. Zumal wir auch beim Pro-Kopf-Ausstoß von Klimagasen in der ersten Liga mitspielen.

Das Gegenteil ist also richtig: Wenn Deutschland – wie bei der Energiewende – vorangeht und zeigt, dass drastische Reduktionen möglich sind, schafft das auch für andere Nationen einen Anreiz nachzuziehen.

»Was Einzelne machen, bringt nichts!«

Wer das vorige Argument überzeugend findet, glaubt das hier auch: Der Einzelne kann eh nichts ausrichten. Das Problem ist viel zu groß und kompliziert, als dass irgendjemand, der nicht zufällig Al Gore, Greta Thunberg, Leonardo DiCaprio oder Papst Franziskus heißt, etwas Nennenswertes bewirken kann.

Der Satz ist nicht nur falsch, sondern gefährlich. Denn erstens delegieren wir damit Verantwortung – und ermutigen uns selbst dazu, alles so zu lassen, wie es ist. Soll sich doch die Regierung darum kümmern. Oder die Wirtschaft. Oder der Einzelhandel. Oder die Bauern. Ich jedenfalls muss nichts an meinem Leben ändern. Und genau darum geht es letzten Endes: individuelle Verantwortung abzulehnen, konkrete Forderungen an jeden Einzelnen von uns ins Leere laufen zu lassen. Indem wir uns diese Lizenz zum Untätigsein ausstellen, degradieren wir uns allerdings zu Zuschauern eines Theaterstücks, auf dessen Handlung wir keinen Einfluss haben. Zu Rädchen im Getriebe, die mitlaufen müssen – ob sie wollen oder nicht. Aber entspricht das dem Bild von der mündigen Bürgerin und dem mündigen Bürger, das wir in der freiheitlichen Demokratie von uns haben?

Und zum Zweiten lähmen wir mit diesem Satz uns und andere. Wir erzeugen damit völlig unsinnigerweise Frustration (von lateinisch *frustra*, vergeblich). Man kann nämlich unglaublich viel machen: Zum Beispiel mit der Bahn verreisen, weniger fliegen, weniger Auto und mehr Rad fahren, weniger Fleisch und Milchprodukte und mehr Bio essen, eine Bürgerinitiative gegen eine Schweinemastanlage gründen, sich in Parteien oder Umweltschutzvereinen engagieren, solidarische Landwirtschaft unterstützen, freitags demonstrieren gehen, Gebrauchtes kaufen, Dinge pflegen, reparieren und mit anderen teilen, Plastik und Papier sparen, Grünstrom beziehen, sein Geld bei einer Umweltbank parken, bei 30 statt bei 60 Grad waschen, einen Baum pflanzen, weniger arbeiten,[69] modernisieren statt bauen, Leserbriefe schreiben, Petitionen mitzeichnen, mit Kindern in die Natur gehen und so weiter. Jeder kann irgendetwas tun. Und damit auch Menschen in seinem Umfeld dazu anregen, ihr Verhalten zu ändern.

Niemand sollte sich einreden lassen, das brächte nichts.

»Der Flieger fliegt auch ohne mich!«

Von »Flugscham« war bereits die Rede. Alle reden darüber, aber niemand scheint sich so richtig zu schämen. Oder wer fliegt, lässt sich einfach nichts anmerken. Das ist merkwürdig, weil wir mit der Entscheidung für das Fliegen innerhalb weniger Stunden einen maximalen Klimaschaden anrichten. Trotzdem wird nicht weniger – sondern immer mehr geflogen. Nicht nur in Deutschland rechnen Luftfahrtexperten mit einem rasanten Anstieg der Flugpassagierzahlen: Laut aktuellen Hochrechnungen[70] sollen statt 4 Milliarden Passagieren (2016) im Jahr 2040 rund 9,4 Milliarden Menschen abheben.

INTERNATIONALER TOURISMUS

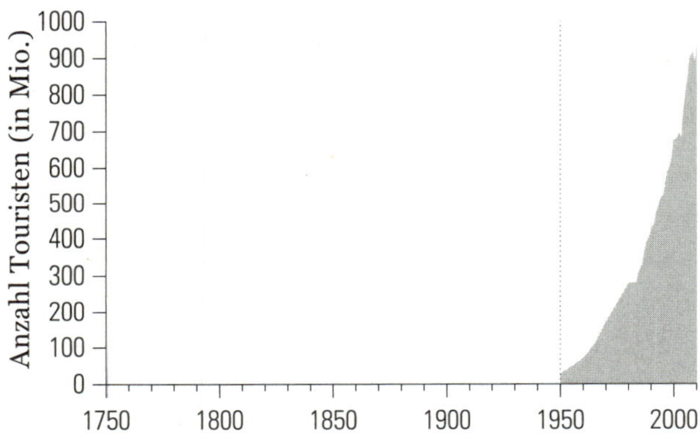

© WWF, Living Planet Report 2018

Angesichts solcher Prognosen kann man schon ins Grübeln kommen, ob es überhaupt einen Unterschied macht, für welches Verkehrsmittel man sich entscheidet. Aber stimmt das Argument »Der Flieger fliegt auch ohne mich«? Oberflächlich betrachtet: ja. Wer zu spät zum Gate kommt, der fliegt eben nicht mit. Der Flieger hebt trotzdem ab. Klare Sache. Etwas kniffliger wird die Behauptung, wenn es ums Buchen geht. Natürlich rollen auch Passagierflugzeuge auf die Startbahn, die nicht bis auf den letzten Platz ausgelastet sind. Klar ist aber auch, dass sich Angebot und Nachfrage ungefähr die Waage halten – alles andere wäre unwirtschaftlich. Mit Flügen ohne Passagiere verdient niemand Geld. Angenommen, die Hälfte aller Menschen, die heute regelmäßig fliegen, beschlösse, aufs Fliegen zu verzichten: Dann würden die Flughäfen mittelfristig weniger Starts verzeichnen. Anders gesagt: Jeder Mensch, der fliegt, ist Teil der Nachfrage, an der sich das Angebot orientiert. Jeder Flieger, der abhebt, tut das zu einem kleinen Teil, weil jemand – möglicherweise beeinflusst durch Werbung, mit der sich die Flugbranche als Garant von Weltoffenheit, Lebensfreude und Neugierde inszeniert[71] – auf den »Jetzt buchen«-Button geklickt hat.

Dieselbe argumentative Schummelei kommt natürlich auch bei Kreuzfahrten und anderen CO_2-lastigen Kaufentscheidungen zum Einsatz. Auf Autos übertragen, wäre eine Variante: »Wenn *ich* den 2-Tonnen-Offroader nicht kaufe, dann kauft ihn halt ein anderer.« So, als wäre es ein ewig unwandelbares Naturgesetz, dass in gigantischen Fabriken jedes Jahr Tausende Autos vom Band rollen. Das Prinzip ist dasselbe: Die Verantwortung der Nachfrageseite, also des Konsumenten, wird kleingeredet. Über dessen Rolle bei der Weltrettung, über den Einfluss des »klugen« oder »nachhaltigen« Konsums kann man streiten. Aber zu behaupten, dass man auf das Angebot *überhaupt keinen* Einfluss habe, ist nicht nur eine durchsichtige Schutzbehauptung, sondern schlicht falsch.

»Sollen doch andere anfangen!«

Zum Beispiel der Nachbar mit dem fetten SUV, der jeden Tag seine Tochter läppische 2 Kilometer weit in die Schule kutschiert. Und dabei auch noch raucht. Oder die Amerikaner!

Wenn wir mit Forderungen konfrontiert sind – zumal wenn sie eine moralische Tönung haben –, zeigen wir uns nicht immer sofort einsichtig. Um das tun zu können, müssten wir zugeben, dass wir im Unrecht sind. Oder noch schlimmer: dass wir unmoralisch handeln. So etwas tut weh, wir vermeiden es lieber. Also fallen uns spontan *andere* ein, die auf irgendeine Weise schlimmer sind als wir. Die also – unserer Meinung nach – zuerst an der Reihe sind, ihr Verhalten zu ändern. Soll der Nachbar doch seinen spritschluckenden SUV verkaufen und seine Tochter mit dem Rad zur Schule schicken. Ach ja, und dass Rauchen Krebs verursacht, hat der wohl auch noch nie gehört? Und wenn die Amerikaner weniger Fleisch äßen, wäre dem Planeten mehr geholfen, als wenn wir Deutschen ein Tempolimit auf Autobahnen einführen. Ganz einfache Rechnung.

So scheint es uns zumindest. Rein kalkulatorisch gesehen, mag das stimmen. Aber kennen wir das nicht aus dem Kindergarten? Mit dem Finger auf andere zeigen, um selbst besser dazustehen? »Der da hat angefangen!« Der Erfolg solcher Manöver hängt – ob im Kindergarten oder im Parlament – zu einem großen Teil von unserer Bereitschaft ab, unserer eigenen Argumentationsstrategie zu folgen. Und die besteht darin, einen Vergleichspunkt zu setzen, der unser eigenes Verhalten in ein besseres Licht rückt, etwa nach dem Motto: »Schlimmer geht immer«. Ob aber unser eigenes Verhalten objektiv und *für sich genommen* moralisch ist oder nicht, darüber lässt der Vergleich mit anderen kaum eine Aussage zu. Verantwortung ist – in diesem Sinn – nicht relativ.

Und es gibt noch ein Problem mit dem »Argument«: Wer sich nur nach unten orientiert (»Wer verhält sich klimaschädlicher als ich?«), wird im eigenen Leben bestenfalls Stillstand, aber kaum Fortschritte erzielen. Im Gegenteil: Er könnte sogar auf die Idee kommen, selber noch eine Schippe draufzulegen. Denn solange wir – gefühlt oder tatsächlich – »besser« leben, als der Coffee to go schlürfende Vielflieger aus der 9b, stehen wir ja immer noch gut da. Vergleichsweise, eben.

Wirkliche Fortschritte beim Klimaschutz kann es nur geben, wenn Einzelne, Gruppen oder auch Unternehmen vorangehen und effektiv besser wirtschaften als andere und damit einen Anreiz für andere setzen, sich *nach oben* zu orientieren. Fangen Sie also selber an!

»Was bringt es, wenn ich verzichte?«

Im Jahr 1968 beschrieb der US-amerikanische Ökologe Garrett Hardin ein merkwürdiges Problem. Er nannte es die »Tragik der Allmende«.[72] Allmenden sind Gemeingüter, wie sie in der Landwirtschaft früher üblich waren. Zum Beispiel Wälder und Weiden, die von mehreren Viehbesitzern gemeinsam genutzt wurden; nach einem Plan trieb jeder seine Kühe auf die Weide, wo sie sich satt fraßen. Das Problem beginnt, wenn ein einzelner Bauer auf die Idee kommt, eine Kuh mehr als eigentlich erlaubt auf die Weide zu schicken. Der Vorteil für ihn liegt auf der Hand. Das merken auch die anderen Bauern – und machen es genauso. Dieses Verhalten zum eigenen Vorteil hat allerdings einen gewaltigen Nachteil. Denn die Überweidung führt dazu, dass das Gras sich nicht ausreichend erholen kann. Die Weide wird magerer, im Extremfall verwandelt sie sich in eine Wüste.

Der kleine Vorteil, den sich jeder ergaunert, führt mit der Zeit zu einem Nachteil für alle: zum Totalausfall.

Als solche Allmenden kann man auch die Weltmeere verstehen, die von den Menschen für die Fischerei genutzt und von manchen Unternehmen und Staaten mit schwimmenden Fischfabriken regelrecht leer gefischt werden. Auch die Erdatmosphäre kann man als Allmende verstehen – als gemeinschaftlich genutztes Endlager für CO_2-Müll. So wie eine Weide eine begrenzte »Beweidungskapazität« hat, sind die Meere nicht unerschöpflich, ist die CO_2-Aufnahmekapazität der Atmosphäre begrenzt. Das Problem: Jeder Einzelne hat heute in den Industrienationen Teil an der Übernutzung solcher natürlichen Allmenden. Wir sind alle Bauern, die ein bisschen mehr Vieh auf die Weide schicken, als gut wäre.

Egal, ob es um Urlaubsflüge, die Größe des Neuwagens oder das tägliche Stück Fleisch geht: Wir wissen, dass es eigentlich besser wäre, nicht zu fliegen, den kleineren Wagen zu kaufen oder weniger Fleisch zu essen. Trotzdem stellen sich viele die Frage: Warum soll ausgerechnet *ich* auf etwas verzichten, wenn alle anderen es nicht tun? Oder: Welchen Lohn bekomme ich dafür? Die Antwort ist: Weil der Vorteil des Einzelnen allen schadet.

Wenn alle Menschen so viele Emissionen erzeugten und Ressourcen verbrauchten wie jeder Deutsche, benötigten wir fast drei Erden.[73] Das kann auf Dauer nicht gut gehen. Jeder Einzelne kann – zum Wohl aller – auf diese Übernutzung der Erde verzichten. Freiwillig. Weil es sich besser anfühlt. Und weil es sozial verantwortlich ist.

»Wer soll das bezahlen?«

Klimaschutz funktioniert in der Regel so, dass man von bestimmten Sachen die Finger lässt. Also einfach keine Kreuzfahrt bucht. Das spart auch noch Tausende Euro. Trotzdem meldet sich in der öffentlichen Debatte über Klimaschutzmaßnahmen mit Sicherheit irgendwann jemand zu Wort, der fragt: »Und was kostet das?« Und: »Wer soll das bezahlen?«

Klar: Die immensen Schäden und Altlasten, die die Atom- und die Kohleindustrie uns hinterlassen haben und noch hinterlassen werden, müssen mit viel öffentlichem Geld beseitigt werden. Der Umbau des Energieversorgungssystems kostet Geld. Bezahlen werden das wir alle, über Steuern und Preise. (Den Großteil der Kosten, die durch Schäden am Klimasystem, Boden und Artenvielfalt entstehen, vermachen wir ohnehin künftigen Generationen.) Aber was ist die Alternative? Weitermachen wie bisher? Was würde *das* kosten?

Genau das hat der Ökonom Nicholas Stern, ehemals Chefvolkswirt der Weltbank, im Jahr 2006 einmal ausgerechnet. In seinem viel beachteten »Stern-Report«[74] kommt er zu dem Ergebnis, dass die Menschheit nur rund 1 Prozent des Bruttoinlandsprodukts jährlich für einen effektiven Klimaschutz ausgeben müsste. Demgegenüber lägen die Schäden einer *Business-as-usual*-Klimaerwärmung bei dem Fünf- bis Zwanzigfachen – und das für sehr lange Zeit. Neueren Schätzungen zufolge könnten schon ab dem Jahr 2030 durch extremes Wetter Schäden in Höhe von umgerechnet 1,8 Milliarden Euro entstehen – Tag für Tag.[75]

Rational betrachtet, ist die Sache also klar: Nach dieser Rechnung könnten wir die Rettung von Klima, Planet und Zukunft locker aus der Portokasse zahlen. Tun wir aber nicht. Der Grund liegt – mal wieder – in der menschlichen Psyche.

Die sozialpsychologische Forschung hat gezeigt, dass wir das Risiko von Verlusten eher in Kauf nehmen, je weiter sie in der Zukunft liegen. Das erklärt zum Teil, warum wir uns über eine kurzfristige Erhöhung der Spritpreise im Centbereich aufregen – aber kaum über das massenhafte Elend, das die Klimaerwärmung in wenigen Jahrzehnten über einen großen Teil der Menschheit bringen könnte. Oder anders gesagt: Warum wir nicht bereit sind, kurzfristig Abstriche bei unserem Lebensstandard zu machen und dafür gewaltige, menschheitsbedrohende Risiken in Kauf nehmen.

Schlimmer noch: Irrationale Gewinn-und-Verlust-Rechnungen fordern sogar die Spielleidenschaft und Risikofreude von Staatenlenkern heraus. Es ist wohl kein Zufall, dass US-Präsident Donald Trump, der sich selbst für einen begnadeten *dealmaker* hält, aus dem Pariser Klimaabkommen ausgetreten ist: Mit wirtschaftlichen Risiken kennt sich der Geschäftsmann aus. Wer nicht wagt, der nicht gewinnt!

»Wir haben drängendere Probleme!«

»Was den Umweltjüngern früher die Cola-Dose war, ist heute das Fliegen. (…) Fliegen verursacht immer noch nur 2,5 Prozent der weltweiten CO_2-Emission, während allein Internet und Server weltweit schon 4 Prozent ausmachen, und wir haben so viele weitere Probleme, an denen wir dringend arbeiten müssen.« Das sagt nicht die Chefin irgendeines Luftfahrtverbandes, sondern die Klimaaktivistin und Mitbegründerin von Greenpeace, Monika Griefahn. Im *Stern*-Interview[76] erklärt die frühere Umweltministerin von Niedersachsen, Greta Thunberg hätte ihre Reise nach Amerika statt mit dem Segelschiff ebenso gut auch per Flugzeug machen können. Haben wir da was verpasst? Ist das Fliegen zu Unrecht in Verruf geraten?

Verdächtig ist allemal Griefahns Hinweis, das Fliegen sei »nur« für 2,5 Prozent der weltweiten CO_2-Emissionen verantwortlich.[77] Denn rechnet man nicht nur das CO_2, sondern die Wirkung aller Klimagase, der Rußpartikel und des Kondenswassers in großer Höhe ein, dann ergibt sich laut Umweltbundesamt eine zwei- bis fünffach höhere Klimawirkung.[78] Aber das Kleinrechnen des Problems funktioniert auch aus einem anderen Grund nicht: Denn das Flugticket ist diejenige private Kaufentscheidung mit dem größten Potenzial, das Klima zu schädigen. Also eine Entscheidung für Emissionen, die sich meist sehr leicht vermeiden ließen.

Je nach politischer Herkunft führen Menschen zahllose Probleme ins Feld, die angeblich gerade drängender sind als XY. Monika Griefahn nennt im *Stern*-Interview die Bodenverarmung. Stimmt, wichtiges Thema. Und was ist mit Atomraketen, mit der Vermüllung der Ozeane, der Schere zwischen Arm und Reich, der Schuldentilgung, den Neonazis, der Marktführerschaft bei erneuerbaren Energien, den Außerirdischen? Lauter drängende Probleme, keine Frage. Aber wenn wir die Klimaerwärmung nicht stoppen, steht die Zukunft der menschlichen Zivilisation auf dem Spiel.

Man muss fairerweise ergänzen, dass die ehemalige Umweltaktivistin Monika Griefahn heute nicht etwa für eine Airline arbeitet. Sondern für die Kreuzfahrtbranche.

»Fünf vor zwölf ist es doch schon seit 50 Jahren!«

Wer im Internet mal eben nach der aktuellen Zeit sucht, findet nicht nur die Atomuhr der Physikalisch-Technischen Bundesanstalt in Braunschweig, sondern auch eine, die genau zwei Minuten vor zwölf zeigt. Und das schon seit Jahren. Es handelt sich um die Doomsday Clock[79] (Doomsday = Tag des Jüngsten Gerichts), eine Initiative von Wissenschaftlern, die die Öffentlichkeit für weltweite Gefahren sensibilisieren wollen. Zwei Minuten vor zwölf – das bedeutet nach Ansicht des Gremiums, dem auch 15 Nobelpreisträger angehören: Wir stehen kurz vor einer globalen Katastrophe.

Um ihrem Anliegen Nachdruck zu verleihen, bedienen sich die besorgten Forscher einer Metapher, die jeder kennt. Wer klar machen will, dass es angesichts irgendeines Problems jetzt wirklich höchste Zeit sei, aktiv zu werden und gegenzusteuern, der sagt: Es ist fünf vor zwölf! Auch Klimaforscher und Aktivisten behaupten, es sei »fünf vor zwölf«. Und meinen damit: Die Zeit läuft uns davon, wir müssen sofort und entschlossen umsteuern und die Emissionen reduzieren. Andernfalls droht die Apokalypse.

Das ist nun, nach allem, was wir wissen, nicht ganz falsch. Es birgt aber auch ein Problem: Wer jahrzehntelang davon redet, es sei fünf vor zwölf, muss damit rechnen, dass ihm irgendwann keiner mehr zuhört. Denn das Unglück, vor dem mit dieser Metapher gewarnt wird, ist – zumindest in der Wahrnehmung der meisten Menschen in der westlichen Welt – bislang nicht eingetreten. Stimmt vielleicht mit der Uhr etwas nicht? Und wenn es bislang nicht eingetreten ist, obwohl es seit Jahrzehnten für alles fast schon zu spät sein soll – warum sollte es dann ausgerechnet nächstes Jahr eintreten? Oder in zehn Jahren? Die Doomsday Clock treibt die Metapher sogar noch auf die Spitze: Sie wird laufend vor- und zurückgestellt – je nach Einschätzung der aktuellen Bedrohungslage. Zuletzt, im Januar 2020, wurde sie um 20 Sekunden vorgestellt: auf eine Minute, vierzig Sekunden vor Mitternacht. So spät war es noch nie, seit es die Doomsday Clock gibt. Im Jahr 1947, als die Uhr zum ersten Mal gestellt wurde, war es noch sieben Minuten vor zwölf.

Wären wir in Bezug auf die Kurz-vor-Metapher nicht schon ziemlich abgestumpft, müsste uns die Botschaft der Wissenschaftler zutiefst beunruhigen. Sie warnen nämlich nicht nur davor, dass das Gefahrenpotenzial zugenommen hat, das von der Klimaerwärmung und von Atomwaffen ausgeht, sondern auch davor, dass weltweit die Bedeutung von Wahrheit und wissenschaftlichen Fakten erodiert. Sie nennen den ver-rückten Zustand der Welt »das neue Unnormal«: »Fakten werden ununterscheidbar von Erfindungen, und das schwächt unsere Fähigkeit, Lösungen für die großen Probleme unserer Zeit zu entwickeln und anzuwenden.« Zu dem »neuen Unnormal« gehören nach Ansicht der Forscher immer dreistere Autokraten und eingelullte

Bürger rund um den Globus, politische Lähmung ebenso wie die Erosion des sozialen Zusammenhalts.

Seien wir ehrlich: Es ist nicht fünf vor zwölf, sondern halb zwei. Die Temperatur steigt seit Jahrzehnten, die ersten irreversiblen Schäden sind schon eingetreten. *Zu spät*, etwas zu unternehmen, ist es allerdings nie. Denn auch 4 oder 5 Grad am Ende des Jahrhunderts machen einen gewaltigen Unterschied.

»Den Menschen ist immer etwas eingefallen!«

Als der britische Ökonom William Stanley Jevons im Jahr 1865 öffentlich über den Verbrauch von Kohle im Königreich nachdachte, konnte er nicht ahnen, dass er eines der am meisten unterschätzten Probleme der Gegenwart beschrieben hatte. Jevons war aufgefallen, dass der Einsatz von effizienteren Dampfmaschinen seltsamerweise nicht dazu führte, dass weniger Kohle verbraucht wurde. Im Gegenteil: Der Verbrauch stieg sogar. Den Grund sah er darin, dass die Kosten für den Brennstoff sanken – die Maschinen arbeiteten immer sparsamer. Also konnten Fabrikbesitzer und Verkehrsbetriebe immer mehr Dampfmaschinen einsetzen. Und dieser Zuwachs überstieg irgendwann die Einsparungen bei den einzelnen Maschinen.

Als in Großbritannien ein halbes Jahrhundert später die Kohlenfadenlampe durch die sparsamere Wolframwendel-Glühlampe verdrängt wurde, stieg der Stromverbrauch – weil in immer mehr Haushalten in immer mehr Räumen das künstliche Licht anging. Ähnliche Effekte lassen sich heute dutzendfach beobachten. Etwa bei der – eigentlich energiesparenden – LED-Beleuchtung. Oder bei der Automobilität: Wer ein spritsparendes Auto fährt, tendiert dazu, mehr zu fahren. Oder bei der Heizenergie: Wer sein Haus dämmt, heizt vielleicht ein bisschen mehr, als notwendig wäre. Und es gibt auch noch indirekte Rebound-Effekte: Wer zum Beispiel bei den Energiekosten kräftig spart, hat irgendwann Geld übrig für einen zusätzlichen Urlaubsflug.[80]

Das alles wäre nicht weiter dramatisch, wäre die Effizienz nicht ein zentraler Bestandteil unserer offiziellen Klimaschutzstrategie: Die meisten, die behaupten, den Menschen sei »schon immer etwas eingefallen«, haben den technologischen Erfindungsreichtum von *Homo sapiens* im Sinn. Doch die Rechnung: Innovation = mehr Sparsamkeit = mehr Klimaschutz geht nicht auf. Im Gegenteil: Der Trend zu immer größeren Autos und Fernsehbildschirmen illustriert das Problem, dass auch modernste Weltmarktführer-Technologien zur Ressourcenverschwendung beitragen können.

Für die Strategie, Chancen und mögliche positive Entwicklungen einer unsicheren Zukunft hervorzuheben, gibt es im Englischen einen schönen Ausdruck: *brightsiding*. Auf der »hellen«, freundlichen Seite des Klimaproblems werden als Beispiele oft genannt: die Kernfusion, das Wasserstoff-Auto oder Carbon Capture and Storage (CCS). Allerdings: Die Kernfusion, einst als Lösung der globalen Energiefrage gehyped, wird wohl erst zur Mitte des Jahrhunderts Strom liefern. Das Wasserstoffauto ist mit wenigen Hundert Stück auf deutschen Straßen noch die absolute Ausnahme. Und CCS? Niemand weiß heute, ob und wann es möglich sein wird, der Atmosphäre Gigatonnen von

Kohlendioxid zu entziehen, geschweige denn, wie und wo das Gas für alle Ewigkeit unter der Erde deponiert werden kann.

Übrigens haben sich schon manche Technologien, die einst sogar von Umweltverbänden als nachhaltige Zukunftslösung bejubelt wurden, im laufenden Betrieb als desaströs entpuppt. Weil sie Probleme nicht lösen, sondern nur verlagern – und dafür neue schaffen. Ein Beispiel: Sogenannter Biosprit aus nachwachsenden Rohstoffen vernichtet Anbauflächen, die eigentlich für die Nahrungsmittelproduktion gebraucht werden: Mais-Monokulturen sind Wüsten der Artenvielfalt und Palmölplantagen geradezu berüchtigt als Regenwald- und Orang-Utan-Killer. Oder die viel gepriesene Elektromobilität: Sie ist nur so klimaschonend wie der Strom, mit dem sie betrieben wird. Lithium und Kobalt für die Akkus werden unter katastrophalen Bedingungen für Mensch und Natur gewonnen.

Täuschen wir uns nicht: Forschung und Innovation haben einen beispiellosen Wohlstand hervorgebracht – aber zugleich auch strahlenden Atommüll, enorme Mengen Gift- und Plastikmüll, eine naturzerstörende, industrielle Landwirtschaft und gigatonnenweise Emissionen. Wir haben uns damit in eine verzweifelte Lage gebracht. Darauf zu vertrauen, dass Forscher und Ingenieure das mit dem Klimaschutz schon irgendwie hinbekommen, wäre grob fahrlässig. Wir müssen nämlich nicht irgendwann, sondern *jetzt* handeln, um das Schlimmste noch zu verhindern.

»Aber die Industrie, die Airline, die Reederei macht doch schon ganz viel!«

Als der neue Vorzeige-Passagierjet A380 auf den Markt kam, warb der Hersteller Airbus mit einem überraschenden Ausstattungsdetail: kompostierbare Sitzbezüge. »Wir tun was für die Umwelt«, sollte das wohl heißen. Lustig, das machen heutzutage irgendwie alle: Kreuzfahrtreedereien schaffen neuerdings Plastikbecher an Bord ab und schmücken ihre Schiffe mit dem blauen Umweltengel. Discounter verbannen Plastiktüten aus ihren Läden, in denen fast alles in Plastik verpackt ist. Fußball-Profivereine heizen ihren Rasen im Winter mit Ökostrom. Sportartikelhersteller bieten Schuhe aus recyceltem »Ocean Plastic« feil. Öl- und Kohlekonzerne wagen das Kunststück, sich mit Blümchen und Windrädern ein zukunftsfähiges Image zu verpassen.[81]

Firmen und deren PR-Abteilungen sind ja nicht unbedarft: Die negativen Umweltauswirkungen der eigenen Geschäfte lassen sich in Zeiten der Massenmedien und des Internets kaum geheim halten, Boykottaufrufe gehen ruckzuck viral. Und wer sich, andererseits, als besonders umweltfreundlich präsentieren kann, hat am Markt einen Vorteil. Da muss man also proaktiv etwas machen. Mit dem Ergebnis, dass es heute kaum noch eine Branche gibt, die ihre Produkte nicht wahlweise mit Labels wie »bio«, »vegan«, »nachhaltig«, »ressourcenschonend« oder »klimaneutral« bewirbt. Je mehr über die klima- und umweltschädliche Produktion ans Licht kommt, so könnte man meinen, desto klima- und umweltfreundlicher werden die Produkte. Man kann sich kaum noch retten vor *green solutions*.

Natürlich sind die Grenzen zwischen echtem Engagement und echtem Greenwashing fließend. Allerdings wird eine Reise im A380 ganz sicher nicht zur grünen Heldentat, nur weil die Sitzbezüge kompostierbar sind. Und auch der Strom und das Gas für Kreuzfahrtschiffe der neuesten Generation sind weder umweltschonend noch klimaneutral. Geworben wird trotzdem damit, was das Zeug hält. Denn solche Botschaften treffen auf dankbare Abnehmer. Sie sorgen für ein unbeschwerteres Shoppingerlebnis. Und dafür, dass sich nichts ändert.

»Es gibt keine nachhaltigen Produkte«, sagt der Ökonom Niko Paech, »nur nachhaltige Lebensstile«.[82]

»Da sollen sich mal die Profis drum kümmern!«

Die Proteste von Fridays for Future haben nicht nur eine Welle der Sympathie ausgelöst. Es gab auch Kritik. Richtig grundsätzlich wurde zum Beispiel der FDP-Bundesvorsitzende Christian Lindner. Der meinte lapidar, das mit dem Klima sei so kompliziert – das sollten die jungen Leute mal lieber den Profis überlassen. Mit »Profis« meinte er natürlich nicht sich selbst oder die Klimaexperten von der AfD, sondern richtige Experten. Also zum Beispiel Leute, die sich regelmäßig auf Klimakonferenzen treffen, um den internationalen Klimaschutz voranzubringen. Sehen wir uns also mal an, was die so machen.

Zu der UN-Klimakonferenz in Kopenhagen im Dezember 2009 waren 27 000 Teilnehmer angereist, davon mehr als 10 000 staatliche Abgesandte. Im Vorfeld waren die Hoffnungen groß, dass der globale Klimaschutz hier einen Durchbruch erleben würde; manche sprachen sogar von »Hopenhagen«. Der Klimaforscher Hans Joachim Schellnhuber, der selbst als Experte teilnahm, beschreibt die hektische Stimmung nach Tagen der Verhandlungen und Abstimmungen, kurz vor Abschluss der Konferenz:

»Nun sollen, endlich, in irgendwelchen Separees die Chefs, also die Minister mit nur noch ein oder zwei Experten an ihrer Seite, die eckig geklammerten Streitnüsse [in der Abschlusserklärung] knacken und dafür alle diplomatische Unterwäsche abwerfen. Die Regie bei diesem ›Strip Poker‹ führt idealerweise die Konferenzpräsidentschaft, wenn sie nicht schon längst den Überblick verloren hat. Sämtliche Tricks aus den Erfahrungsschätzen der psychologischen Kriegführung, der Unternehmensberatung und der Partnerschaftsanbahnung werden nun ausgegraben. Vor allem steigt mit jeder Stunde die Hoffnung, dass die physische Erschöpfung der Akteure sie zu Zugeständnissen – also aus ihrer Sicht irrationalen Handlungen – bewegen könnte. Denn die Minister haben in den letzten 48 Stunden kaum noch geschlafen, und ihre Spitzenbeamten bewegen sich inzwischen wie Untote durchs Geschehen.«[83]

Das Ergebnis des nervenzehrenden Konferenzmarathons war aus Sicht von Umwelt- und Klimaschutzorganisationen enttäuschend (Schellnhuber nennt es sogar eine »Tragödie«): In allerletzter Sekunde konnten sich die Delegierten lediglich darauf einigen, dass die Erderwärmung auf »unter zwei Grad« gegenüber vorindustrieller Zeit begrenzt werden soll. *Wie* allerdings – das blieb unklar. Statt Ergebnisse zu präsentieren, wurde die COP

15-Konferenz als »wichtiger Meilenstein« für weitere Konferenzen und Beschlüsse verkauft.

Ein weiterer solcher Meilenstein sollte dann die COP 21-Konferenz sechs Jahre später in Paris werden. Nach zehn Konferenztagen im Dezember 2015 mit knapp 40 000 Teilnehmern einigten sich die Unterzeichner des Pariser Klimaabkommens darauf, die Erderwärmung auf »deutlich unter zwei Grad«, möglichst auf 1,5 Grad zu begrenzen. Ein historischer Durchbruch? Auf dem Papier schon. Denn ein so ambitioniertes Ziel war von der Staatengemeinschaft noch nie formuliert worden. Ein nüchterner Blick auf die CO_2-Emissionen vier Jahre nach der Konferenz zeigt allerdings: Sie steigen ungebremst. Und selbst wenn alle Staaten ihre in Paris gegebenen Zusagen einhielten (was unwahrscheinlich ist), müssten wir bis zum Jahr 2100 mit einer Aufheizung von mehr als 3 Grad rechnen.[84]

Trotz der aufreibenden Arbeit Zehntausender Profis blieb die entschlossene kollektive und politische Antwort auf das drängendste Problem unserer Zeit bislang aus. Übrigens gibt es mit dem Plädoyer, den Klima-Job doch lieber den »Profis« zu überlassen, ein weiteres Problem: Immer mehr Klimaforscher und Wissenschaftler, so zum Beispiel auch Mojib Latif und Harald Lesch, stärken – ebenso wie Scientists for Future den demonstrierenden Schülern den Rücken. Die Stellungnahme der engagierten Forscher unterschrieben mehr als 26 800 Wissenschaftler aus aller Welt.[85] Offenbar haben die jungen Leute nach Ansicht sehr vieler Profis etwas begriffen. Im Gegensatz zu Christian Lindner.

»Das Leben ist schon kompliziert genug!«

Morgens nach dem eiligen Frühstück schnell die Kinder in die Kita oder zur Schule bringen, dann ins Büro (der Kollege ist krank, zusätzliche Aufgaben liegen auf dem Schreibtisch). Später die Kinder abholen, bei den Hausaufgaben helfen, die Facebook-Gruppe bespaßen, Geburtstag organisieren, Haushalt, Abendessen, ach ja, Elternabend. Am Samstag das Wichtigste für die Woche einkaufen. Und das am besten auch noch umwelt- und klimakorrekt. Sonst noch was?

Nicht nur der (Berufs-)Alltag wird immer fordernder. Auch das Konsumieren: Blogs propagieren das plastik-, erdöl-, bisphenol-, müll- oder palmölfreie Leben. Das Internet quillt über vor angeblich ultimativen Tipps, wie man bedenkliche Inhaltsstoffe vermeidet, das Klima schont – oder gleich die Welt rettet. Da ist es nur verständlich, dass manch einer die Arme hebt. Menstruationstasse? Ökofonds? Maisstärke-Becher? Lasst mich in Ruhe!

Aber wir sollten uns nicht irre machen lassen. Tatsächlich ist es gar nicht so kompliziert oder zeitraubend, das Richtige zu tun. Oder zu lassen. Denn die klimafreundlichste Konsumhandlung ist noch immer: *nicht* zu konsumieren. Wirklich wichtig sind nur drei Punkte:

1. die Klima-Schwergewichte im Blick behalten (also nicht bauen, nicht fliegen, wenig Auto fahren, wenig kaufen, wenig Tierisches und viel Bio essen),

2. sich umweltfreundliche Routinen angewöhnen (zum Beispiel statt mit dem Auto mit dem Rad zur Arbeit fahren, regelmäßig regionale Produkte kaufen),
3. lächeln.[86]

»Das Ozonloch haben wir auch kleingekriegt!«

Ob Berufsoptimist, Klimadiplomat, Technologiefreak oder Umweltaktivist: Wenn es um Positivbeispiele in puncto globaler Problemlösung geht, ist schnell das Ozonloch zur Hand. Denn der erfolgreiche Kampf gegen das Ausdünnen der immer dünner werdenden, lebenswichtigen Ozonschicht ist tatsächlich ein beispielloser Triumph grenzenloser Umweltpolitik.

Schon in den 1970er-Jahren hatten Physiker gewarnt, Industriechemikalien könnten zur Zerstörung der Ozonschicht führen. Gemeint ist damit eine Schicht der oberen Erdatmosphäre, in der natürlicherweise besonders viel Ozon vorkommt – ein Gas, das unter anderem krebserregende UV-B-Strahlen aus dem Sonnenlicht herausfiltert. Regelmäßige Messungen hatten einen dramatischen Befund ergeben: Die Ozonschicht wurde immer dünner; über der Arktis schwand sie zeitweise um mehr als die Hälfte. Die verantwortlichen Gase waren schnell identifiziert. Kühlmittel wie Fluorchlorkohlenwasserstoff (FCKW) und andere schädlichen Chemikalien wurden auf einer Konferenz in Montreal im Jahr 1989 weltweit stufenweise verboten. Das entschlossene Handeln der Staatengemeinschaft war ein Erfolg: Seither schließt sich das gefährliche Ozonloch.

Sollte so etwas nicht auch beim Thema Klimaerwärmung möglich sein? Wer den erfolgreichen Kampf gegen das Ozonloch als Positivbeispiel anführt, unterschlägt wichtige Unterschiede. Denn für die Zerstörung der Ozonschicht waren nur einige wenige Chemikalien verantwortlich, die sich unschwer durch andere ersetzen ließen. Ein Verbot genügte, um atmosphärenfreundliche Alternativen auf den Weltmarkt zu bringen. Niemand muss heute wegen des Verbots auf Kühlschränke oder Spraydosen verzichten, auch ein Börsencrash oder ein Absturz der Weltwirtschaft blieb aus.

Beim Kohlenstoffdioxid liegt die Sache anders. Der wichtigste Treiber der Klimaerwärmung ist nicht irgendeine Chemikalie, sondern das allgegenwärtige Abgas der Weltwirtschaft. Um die Klimakatastrophe abzumildern, müssten wir die Verbrennung von Kohle, Öl und Gas zügig und stufenweise verbieten. Oder zumindest radikal einschränken. Von einem solchen Schritt ist die Weltgemeinschaft allerdings meilenweit entfernt, wie der Blick auf die jahrzehntelang mühsam errungenen, aber immer noch völlig unzureichenden Selbstverpflichtungen der Länder zeigt. Der entscheidende Grund für dieses gefährliche Zögern ist die Sorge vor wirtschaftlichen Nachteilen.

Der Kampf für das Ozon war ein großer Erfolg, keine Frage. Aber wer die Problemlösungskompetenz der Menschheit am Ozonloch misst, unterschätzt die gegenwärtigen, existenziellen Bedrohungen des Lebens auf der Erde gewaltig: Forscher haben 1992 und 2017 untersucht, wie sich die neun wichtigsten, durch den Menschen verursachten Probleme der Biosphäre entwickeln. Einen positiven Trend gab es nur beim Ozon.[87]

«Wie kommt Greta eigentlich zurück?«

Als Greta Thunberg, die Initiatorin der Freitagsdemos, im Herbst 2019 zur UN-Konferenz nach New York segelte, wurde sie von einer Welle der weltweiten Begeisterung getragen. Ihre Reise mit einer Hightech-Segeljacht war natürlich nicht als Beispiel gedacht, wie man klimaschonend über den Atlantik kommt. Greta wollte nur nicht fliegen – was keiner weiteren Erklärung bedarf. In den Medien und den sozialen Netzwerken türmte sich parallel zur Begeisterung aber noch eine andere Welle auf: Kritiker bemängelten, dass in dem Schiff giftige Chemikalien steckten und kritisierten die Sponsoren der Rennjacht. Und kaum war Greta in New York angekommen, wurde schon die Frage gestellt: Wie kommt sie eigentlich zurück nach Europa? Doch nicht etwa mit dem Flieger? Greta kennt diese Art von Kritik.

Als sie mit dem Zug zum Weltwirtschaftsgipfel in die Schweiz fuhr, postete sie ein Foto, auf dem auch etwas von ihrer Verpflegung zu sehen war: Bananen und Brot in einer Plastikverpackung. Die Kommentare ließen nicht lange auf sich warten. Gegen den Klimawandel protestieren – aber Brot in einer Plastikverpackung kaufen! Geht ja wohl gar nicht!

Solche und ähnliche »Gegenargumente« kennt jeder, der versucht, umweltbewusst zu leben und auch in seinem Freundes- und Bekanntenkreis dafür wirbt. Man nennt die Strategie auch Whataboutism (gebildet aus »What about …?« – zu Deutsch »Was ist mit …?« – und der Endung *-ism*, die anzeigt, dass es um eine geistige Haltung geht). Das Prinzip ist ganz einfach: Statt auf eine Frage oder eine Kritik einzugehen, antwortet man mit einer Gegenfrage: »Und was ist mit …?« Jeder Veganer kennt das: Statt darüber zu sprechen, dass eine tierfreie Ernährung besser fürs Klima ist, endet die Debatte, bevor sie beginnen kann: »Und was ist mit deinen Lederschuhen?« Genau das ist der Zweck dieses Manövers: Dass man sich mit dem ursprünglichen Argument gar nicht erst ernsthaft auseinandersetzen muss. Der Schachzug ist ebenso durchsichtig wie beliebt, gerade in Umweltdebatten. Das gefühlte Ergebnis ist immer dasselbe: Wenn die sogenannten Vorbilder es schon nicht hinkriegen, gut zu leben – warum sollte *ich* dann an meinem Verhalten etwas ändern?

Unterstellt wird damit auch, dass derjenige, der kritisiert, nicht in der Position sei zu kritisieren, weil er selbst nicht umweltkorrekt, klimafreundlich oder moralisch integer lebe. Da wird ein sehr menschlicher, moralischer Reflex angesprochen: Wasser predigen und Wein trinken:[88] Kommt nicht gut an. Ist unglaubwürdig.

Fakt ist: Ob Greta nun eine Banane isst oder eine Plastiktüte verwendet, das ist natürlich nicht egal. Aber es fällt angesichts der durch die Zugfahrt eingesparten CO_2-Emissionen kaum ins Gewicht. Wenn Leonardo DiCaprio als Klimaaktivist zum Google-Weltretter-Camp der Reichen und Schönen auf Sizilien mit dem Privatjet anreist,[89] dann verursacht er aber definitiv ein Vielfaches der Emissionen eines Economy-Class-Fliegers. Und da drängt sich dann schon die Frage auf, wie das eigentlich zusammenpasst: in elitärem, extrem CO_2-haltigem Luxus schwelgen und ganz nebenbei die Welt retten zu wollen. Ist das Klimaengagement von DiCaprio am Ende nur Greenwashing des eigenen verschwenderischen Lebensstils?

Gretas Banane oder DiCaprios Privatjets und Luxusjachten ändern am Klimaproblem gar nichts. Werden wir mal erwachsen: Unsere Verantwortung und unsere Verpflichtung zum Handeln besteht vollkommen unabhängig von mehr oder weniger glaubwürdigen Vorbildern.

»Ich lass' mir doch kein schlechtes Gewissen einreden!«

»Erst kommt das Fressen, dann kommt die Moral«, meinte der Dramatiker Bert Brecht. Wenn er da mal nicht irrte! In den vergangenen Jahren zumindest gab es kaum ein Thema, das derart unter dem Gesichtspunkt der Moral diskutiert wurde wie das Essen. Worüber vor wenigen Jahrzehnten niemand sprach, das ist heute Tischgespräch in jeder Kantine: Fleisch essen, darf man das eigentlich noch? Und wenn ja, welches? Ist Fleisch nicht auch klimaschädlich? Wird für den Futtermittelanbau nicht Regenwald gerodet? Inzwischen wird in Talkshows diskutiert, ob man Tiere überhaupt mästen und töten darf, um sie zu essen. Zumindest gefühlt kommt heute vor dem Fleischessen die Moraldebatte. Viele nervt das. Und zwar nicht nur, weil Fleisch ihnen schmeckt, oder weil sie es einfach gewohnt sind, tote Tiere zu essen. (Gewohnheiten zu ändern ist schwer. Allein die Vorstellung, Dinge anders zu tun – und insbesondere: anders tun zu *müssen* – kann anstrengend sein.) Aber es kommt noch etwas Schwerwiegenderes hinzu: Vegetarier, Veganer und Tierrechtler packen Fleischesser bei der Moral. Und das tut richtig weh.

Der Psychologe Benoît Monin hat untersucht, was passiert, wenn Karnivoren und Vegetarier aufeinanderprallen.[90] Das Ergebnis: Fleischesser fühlen sich bei moralisch »falschem« Verhalten ertappt – und bringen gegen die empfundene moralische Übermacht der Veggies Abwehrmechanismen in Stellung: So bezweifeln sie die Motive der anderen sogenannten Gutmenschen, werfen ihrem Gegenüber fehlende Kompetenz und Blauäugigkeit vor, oder – wenn beides nichts nützt – sie gehen auf Distanz zu den nervigen Moralisierern, bis hin zu Ablehnung und Diffamierung.

Was das alles mit dem Klima zu tun hat? Genau diese Reaktionen und Strategien kennen wir auch aus Debatten über das Fliegen und das Autofahren: Geradezu reflexhaft wird zum Beispiel das Plädoyer für ein Tempolimit auf Autobahnen als »ideologisch« abgewertet. Der Widerstand speist sich dabei nicht nur aus ganz privaten Überzeugungen oder Motiven, sondern auch aus dem Gefühl der Zugehörigkeit zu einer sozialen Gruppe. Und in der gilt ein Wochenendtrip zum Indoor-Skiing nach Dubai vielleicht als cooler *Partytalk*.

Für das Gerangel um die moralische Lufthoheit gibt es noch einen weiteren Grund: Denn Streit kocht vor allem dort hoch, wo es moralische »blinde Flecken« gibt. Wo also allgemein anerkannte gesellschaftliche Werte und Gesetze im Widerspruch zu einem wachsenden oder sich verändernden Bewusstsein in der Gesellschaft stehen. Um noch einmal zum Fleisch zurückzukommen: Häufig Muskelmasse von Tieren zu essen, galt lange Zeit als Ausdruck von Wohlstand. (In ärmeren Ländern ist das heute noch so.) Und die Produktion von tierischen Lebensmitteln ist auch heute noch ein nicht hinterfragter Grundpfeiler unserer Landwirtschaft. Wer nun gegen die massenhafte Ausbeutung von Tieren protestiert, dem hilft das Tierschutzgesetz wenig. Er muss mit der Moral argumentieren. Und mit heftiger Gegenwehr rechnen.

Auch das Fliegen hat immer noch ein positives Image, gilt als die Fortbewegungsart der sozial Bessergestellten. Und immer größere Autos sind nicht nur PS-starke Statussymbole, sondern auch wichtige Wachstumsmotoren. Und damit auch für die Politik sakrosankt.

Bei der Moral geht es nicht nur um »richtiges« oder »falsches« Verhalten, sondern auch um das, was aus falschem Verhalten resultiert: Schuld: Wer sich ertappt fühlt, hat auch mit Schuldgefühlen zu tun. Wenn die erwachen, »weil jemand jemand anderen bei ›gutem Verhalten‹ beobachtet, kann dies schmerzhaft sein. Und Schmerzen wollen wir tunlichst vermeiden«, schreibt die Philosophin und Tierrechtlerin Hilal Sezgin.[91] Auch hier greifen wieder die bewährten Methoden: Distanzieren, Lächerlichmachen, Relativieren. »Solange irgendwo auf der Welt Ölfelder brennen und deutscher Müll in andere Länder verschifft und dort verbrannt wird, lasse ich mir kein schlechtes Gewissen einreden«, meint ein flugreisender Whataboutist.[92] So einfach ist das.

Inzwischen hat sich jedenfalls gezeigt: Mit der Moralnummer kommen Klimaschützer nicht weit. Ganz im Gegenteil: »Jetzt erst recht!«, röhrt es neuerdings aus der »Fridays for Hubraum«-Garage. Inzwischen laufen öffentliche Debatten sogar so, dass der kritisierte Status quo mit den denkbar schwersten Geschützen, also mit dem Hinweis auf Demokratie und (Meinungs-)Freiheit, verteidigt wird. Wer mag da schon widersprechen? Immer deutlicher zeigt sich: Die moralischen Dilemmata der Klima- ebenso wie der Tierrechts- und anderer Gerechtigkeitsdebatten lassen sich nur mit Verboten befrieden, die dann einfach für alle gelten. Nach denen nur zu rufen, gilt allerdings schon als unanständig. Und das ist das eigentliche Problem.

»Toll, dass diese jungen Leute sich politisieren!«

Als die Fridays-for-Future-Proteste im Jahr 2019 Fahrt aufnahmen, fühlte sich die Nation genötigt, Stellung zu beziehen. Nicht nur Schüler, die entscheiden mussten, ob sie mitdemonstrieren oder nicht, sondern auch Eltern, Lehrer, Schulleiter, Politiker. Einfach jeder. Einige der Statements spiegelten ziemlich gut die Widersprüchlichkeit und Unentschlossenheit der ganzen Nation beim Klimathema wider. Da kamen oberlehrerhafte Ermahnungen vom grünen Ministerpräsidenten Winfried Kretschmann. Bundeskanzlerin Angela Merkel dagegen lobte scheinbar auf Augenhöhe: »Es ist richtig, dass ihr uns Dampf macht!«[93] Irgendetwas in der Art musste sie natürlich sagen, weil sie schließlich von 1994 bis 1998 Bundesministerin für Umwelt war und lange den inoffiziellen Titel »Klimakanzlerin« trug.

Aber was genau meinte sie damit eigentlich? Dass sie zwar irgendwie weiß, wie wichtig das Thema ist (sie sagt das bei jeder sich bietenden Gelegenheit), aber auch ein bisschen Getröte von der Straße braucht, damit sogar die Schnarchnasen aus ihrem

Kabinett aufwachen? Da stellt sich doch die Frage, warum eine Regierungschefin Megafonansagen benötigt, um verantwortungsvoll Politik machen zu können. Denn die dramatischen Fakten kennt sie ja selbst. Auch Angela Merkel, das darf man unterstellen, hat mitbekommen, dass unser Haus schon an ein paar Ecken brennt.

Als das von Merkel gegründete Klimakabinett im September 2019 mit einem sehr handlichen »Klimapaket« strahlend an die Öffentlichkeit trat, waren Klimaforscher entsetzt. Sie nannten es ein »Dokument der Mutlosigkeit« und »Sterbehilfe fürs Klima«. Zugleich wurde klar, was sie damals gemeint hatte. Nämlich so etwas wie: »Toll, dass ihr jungen Leute, von denen wir alle dachten, ihr wärt mit dem neuesten iPhone zufrieden, dass ihr mal für irgendetwas das Sofa verlasst und auf die Straße geht. Dass ihr euch ›politisiert‹. Das ist grundsätzlich mal eine feine Sache. Aber unter dem Strich, liebe Leute, ist Politik nun mal das, was möglich ist.«[94] Anders ausgedrückt: »Ich würde ja gerne, aber es geht nicht.« Eine Bankrotterklärung.

Und was macht der Rest der Republik? Zwar tragen die meisten Menschen weniger politische Verantwortung als die Bundeskanzlerin, verhalten sich im Prinzip aber genauso: »Gut, dass ihr euch kümmert!«, loben viele die junge Generation für ihr (klima-)politisches Engagement (auf das sie selbst verzichten zu können glauben). Und leben weiter wie bisher. Ein Kolumnist des Magazins *Stern* überschrieb einen Artikel sogar: »Kinder, bitte rettet uns!«[95] Was als Lob und Aufwertung daherkommt, ist nichts anderes als das Eingeständnis der eigenen Unfähigkeit zu handeln. Und ein bequemes Delegieren von Verantwortung.

Das größte Verdienst der Fridays-for-Future-Bewegung ist nicht, dass sie der Regierung einen (lächerlich niedrigen) CO_2-Preis und neue Regelungen für Ölheizungen abgetrotzt hat, sondern dass sie die Inkonsequenz und Ineffizienz des Delegierens von Verantwortung sichtbar gemacht hat. Und das ist etwas, das den meisten Menschen bekannt vorkommen dürfte. Aus ihrem eigenen Leben nämlich.

»Man wird sich doch mal was gönnen dürfen.«

In der aktuellen Debatte zeigt sich immer deutlicher die Diskrepanz zwischen Wissen und Handeln. Und zwar auf allen Ebenen der Gesellschaft. Was hilft? Wer trägt Verantwortung? Wer muss jetzt wie handeln? Diese Fragen werden immer heftiger diskutiert – mit weiterhin kümmerlichen Ergebnissen und den üblichen Schuld- und Verantwortungszuweisungen (»Die Regierung blockiert!«, »Wir können den Konsumenten nicht vorschreiben, was sie kaufen sollen!«) Eine Konstante in der Debatte ist die immer wiederkehrende Behauptung: »Mit Verzicht kommen wir nicht weiter!« Und nicht nur das: Meist werden zusammen mit dem Verzicht gleich auch noch »Verbote« pauschal gegeißelt.

Beide, Verzichtsleistungen und Verbote, scheinen für viele Politiker so etwas wie ein Angriff auf die Grundwerte der offenen Gesellschaft zu sein. Beide klingen in ihren Ohren offenbar nach Gängelung, Einengung, Drangsalierung des Individuums. So, als wären Verzicht und Mäßigung nicht ganz normale, sehr erwachsene Lebensstrategien, die wir alle ständig anwenden (auch wenn wir sie nicht als »Verzicht« erleben und reflektieren). So, als seien Verbote nicht die Grundlage für ein funktionierendes Gemeinwesen. Einfach weil sie regeln, wo die Freiheit des einen aufhört und die des anderen anfängt.

Wer gegen Verzicht und Verbote Stimmung macht, bedient nicht nur die Chimäre vom grenzenlosen, allein selig machenden Konsum, sondern auch ein Arbeitsethos des 20. Jahrhunderts: das Klischee vom Bürger, der hart arbeitet und es am Wochenende oder im Urlaub auch mal krachen lässt. Das hat er sich, das haben wir uns schließlich redlich verdient! Und das lassen wir uns von griesgrämigen Ökos und anderen Verzichtsaposteln, die zum Lachen in den Keller gehen, auch nicht schlechtreden!

Nun ja. Gegen Selbstbelohnung, gute Laune und Feiern ist nichts einzuwenden. Aber die spritzige Seite des anstrengenden Arbeitslebens pauschal von jeder Umweltverträglichkeitsprüfung auszunehmen – das ist im 21. Jahrhundert nicht mehr zu rechtfertigen. Denn wir wissen, dass unsere Konsumparty schon heute die Lebensmöglichkeiten anderer Menschen auf dem Globus einschränkt, vor allem aber die Chancen künftiger Generationen.

Sich CO_2-intensiv zu erholen, ob per Flieger oder auf einer Kreuzfahrt, ist nicht verboten. Aber haben wir andererseits einen Rechtsanspruch darauf, uns auf Kosten anderer zu amüsieren? Oder Menschen durch unsere Lebensweise zur Flucht zu zwingen?

»Es ist eh alles zu spät!«

Man könnte denken: Ja, okay, aber wenn der Zug schon rollt und auch nicht mehr zu stoppen ist – dann kann man eben nichts mehr tun. Tatsächlich sind mit einer Erwärmung von 1,1 Grad gegenüber vorindustriellen Zeiten unumkehrbare Prozesse in Gang gesetzt: Die Korallen sterben schon, die Polkappen schmelzen so schnell wie seit Jahrtausenden nicht mehr, Meeresspiegelanstieg und Versalzung werden die Menschen – ganz gleich, welche überraschende Wendung der internationale Klimaschutz noch nimmt – Hunderte Jahre beschäftigen. Und schon heute lässt sich sagen, dass der Mensch durch sein bisheriges Wirtschaften den natürlichen Wechsel von Warm- und Kaltzeiten um 100 000 Jahre verschoben hat. Das Haus brennt also schon an mehreren Stellen, längst sind enorme, irreparable Schäden entstanden. Aber kann das ein Grund sein, die Hände in den Schoß zu legen?

Wer jetzt mit den Achseln zuckt, ist entweder ein waschechter Fatalist – oder er sucht nach einer Rechtfertigung für sein Nichtstun. Beide Haltungen sind bequem: Die eine will den Dingen ihren angeblich unabänderlichen, apokalyptischen Lauf lassen. Die andere ist auch noch mit einer gehörigen Prise Zynismus gewürzt. Denn ihr Zweck besteht darin, das Elend der anderen zwar anzuerkennen, im Übrigen aber das eigene Leben auf dem gewohnten materiellen Niveau unbehelligt weiterleben zu können – ohne irgendwelche moralischen Inkonsequenzen zugeben zu müssen.

Im Unrecht sind beide. Denn selbst, wenn wir uns heute auf einem Kurs befinden, der uns eine Erwärmung um 4 Grad und mehr bis zum Ende des Jahrhunderts bescheren wird: *Es ist nie zu spät*, irgendetwas zu tun. Sehr wahrscheinlich ist es zwar zu spät, die Erwärmung unter 2 Grad zu halten. Aber es macht einen gewaltigen Unterschied, ob wir innerhalb von acht Jahrzehnten 3, 4 oder 5 Grad und mehr bekommen: Eine langsamere Erwärmung eröffnet uns mehr Möglichkeiten, uns an die unvermeidlichen Folgen anzupassen; der Unterschied zwischen »Katastrophe« und »Apokalypse« ist möglicherweise so groß wie der zwischen »Solidarität« und »offener Barbarei«.

Schweigen

Unsere vielleicht wichtigste Strategie, um mit der Zumutung des Klimaproblems fertigzuwerden, ist nicht das Reden darüber, sondern das Schweigen. Auch wenn das Thema rund um jede UN-Klimakonferenz, jeden ungewöhnlich trockenen Sommer oder verheerenden Sturm, nach jeder Fridays-for-Future-Demo medial hochkocht: In den Zeiten dazwischen kommunizieren wir erstaunlich wenig darüber. Das können wir leicht überprüfen, indem wir uns in Erinnerung rufen, wie oft wir mit Freunden, Arbeitskollegen, Verwandten oder Bekannten über die Klimakrise gesprochen haben.

Zumindest aus den USA gibt es zu dieser Frage Untersuchungen. So zeigen Umfragen der Universität Yale: US-Amerikaner, die sich für das Klima interessieren oder das Thema wichtig finden, sprechen überwiegend selten (57 Prozent) oder gar nicht

(54 Prozent) mit Freunden oder der Familie darüber.[96] Auch im Umfeld dieser Interessierten ist die Klimaerwärmung offenbar kaum ein Thema. So gaben zwei von drei Befragten an, sie hätten nur wenige Male im Jahr Menschen aus ihrem Umfeld über die Klimaerwärmung sprechen hören. Man darf annehmen, dass die Ergebnisse für Europa ähnlich ausfallen würden.

Auf den ersten Blick kommen für diesen seltsamen Befund mehrere der vorangegangenen Verweigerungsstrategien infrage: »Es ist – auf der individuellen Ebene – ohnehin nutzlos, irgendetwas zu tun«, »Es ist ohnehin alles zu spät« oder »Der Mensch ist nun mal so«. Also warum über etwas reden, das wir nicht ändern können? Dann doch lieber über die Fußballergebnisse. Oder Trumps neueste Twitter-Beleidigung. So etwas hat wenigstens Unterhaltungswert.

Auf den zweiten Blick zeigt sich etwas anderes. Nämlich, dass Schweigen nicht nur bequem, sondern sozial konstruiert ist. In einem Gespräch mit Kollegen zum Beispiel wird über bestimmte Dinge gesprochen, die gerade anliegen oder relevant sind – über andere nicht, weil dafür gerade kein Raum ist oder weil sie gerade nicht von Interesse sind. Niemand wird sich beim Mittagessen in der Kantine mit Kollegen über den Zitronensäurekreislauf unterhalten oder eine Kurvendiskussion anzetteln, wenn er kein Chemiker, Biologe oder Mathematiker ist. Der israelische Soziologe Eviatar Zerubavel nennt das *inattention* (»Unaufmerksamkeit«) und unterscheidet sie von *disattention* (»absichtlicher Unaufmerksamkeit«). Während die erste Form der Unaufmerksamkeit leicht zu erklären ist, erscheint die zweite komplizierter. Hier sind es Themen, die zwar »in der Luft liegen« – Zerubavel spricht auch vom Elefanten im Raum –, aber trotzdem nicht angesprochen werden. Ein »Meta-Schweigen« nennt der Forscher das, weil zusätzlich unklar ist, *warum* eigentlich geschwiegen wird.

Ein Beispiel für ein solches, sozial konstruiertes Schweigen hat die Soziologin Kari Norgaard in Norwegen untersucht. Man muss dazu wissen: Die Skandinavier nehmen sich selbst als naturverbunden und ihre Nation als »grün« wahr. Gleichzeitig verdanken sie einen großen Teil ihres materiellen Wohlstands dem Geschäft mit dem Öl – also einer extrem klimaschädlichen Industrie.[97] Norgaard besuchte ein Städtchen an der Küste von Westnorwegen und führte Dutzende Interviews mit den Einwohnern. In diesen Gesprächen kam sie auch auf das Klima zu sprechen. Die Menschen, schreibt Norgaard in ihrem Buch *Living in Denial. Climate Change Emotions and Everyday Life*, hätten erst einmal besorgt reagiert. Doch »dann stießen wir auf eine tote Zone, in der es plötzlich nicht mehr viel zu sagen gab«.[98]

Die Interviewten waren sich zwar einig über das wärmere Wetter (und teilten die Sorge über ein lokales Skigebiet, einen wichtigen Wirtschaftsfaktor für die Stadt). Doch über die Ursachen schwiegen sie. Ein nachdenklicherer Einwohner sagte ihr: »Wir leben auf die eine Weise und denken auf die andere. Wir lernen, parallel zu denken. Es ist ein Talent, eine Lebenskunst.« Norgaard schlussfolgerte, dass die Norweger den Konflikt zwischen Selbstwahrnehmung und wirtschaftlicher Realität auf ihre Weise beilegen: Das Klima liegt nach einer ungeschriebenen und unausgesprochenen sozialen Übereinkunft jenseits dessen, was anerkannt und worüber gesprochen werden darf.

Übrigens bekam die Forscherin am eigenen Leib zu spüren, was es bedeutet, ein solches Schweigegebot zu übertreten: Sie wurde von Klimaleugnern mit Hassmails überschüttet und auf alle nur denkbaren Weisen im Internet beleidigt.[99]

Sozial konstruiertes Schweigen kennen wir Deutschen aus der Zeit des Nationalsozialismus. Denn zur Zeit der Judenverfolgung galt genau das: ein stillschweigendes Einverständnis darüber, dass man nicht darüber sprach, wenn jüdische Nachbarn verschwanden. Was noch vor dem Zweiten Weltkrieg für viele Deutsche undenkbar war, wurde möglich durch antijüdische Propaganda, eine schleichende Verschiebung der moralischen Maßstäbe – und durch Schweigen. »Wir sind uns – wenn auch verschwommen – darüber im Klaren, dass wir uns entschieden haben, nicht auf die Fakten zu sehen, aber uns ist nicht ganz bewusst, was es eigentlich ist, dem wir ausweichen. Wir wissen, und im selben Moment wissen wir nicht«,[100] schreibt der britische Soziologe Stanley Cohen, der sich mit dem Schweigen über Leid und Ungerechtigkeit befasst hat.

Natürlich gibt es zwischen dem Beschweigen des Klimaproblems und der Sprachlosigkeit angesichts von Deportationen und Massenmord einen bedeutenden Unterschied. Jemand, der sich in der Zeit des Nationalsozialismus kritisch über die Judenverfolgung äußerte, begab sich in Lebensgefahr. Heute dagegen wird niemand festgenommen, verhört und gefoltert, nur weil er auf die Bedrohung durch die Klimakrise hingewiesen und die Untätigkeit der Regierung beklagt hat. Doch der Zweck, den das Schweigen erfüllt, ist in beiden Fällen derselbe: Es hilft dabei, vor sich selbst das Gesicht zu wahren.

Und darum geht es auch heute: Im Land der gefühlten Umwelt-Weltmeister hat die extrem zerstörerische Braunkohleindustrie maßgeblich zum Wirtschaftswunder und zu unserem heutigen Wohlstand beigetragen. Und wird es weiterhin tun, laut Gesetz sogar noch bis zum Jahr 2038. Bei den Pro-Kopf-Emissionen liegen wir sogar noch deutlich vor den Norwegern – nicht nur wegen der Kohle, sondern auch wegen unseres hohen Konsumniveaus. Möglicherweise ist genau das der Grund, warum der öffentliche Diskurs über das Klimaproblem auch hierzulande auffällige Leerstellen aufweist: Statt sich zu globaler Verantwortung, Gerechtigkeit und Wiedergutmachung zu bekennen, erörtern Experten und Politiker in den Medien lieber die Frage, ob Schüler eigentlich dem Unterricht fernbleiben dürfen, um zu demonstrieren.

Der Vorteil liegt auf der Hand: Egal, wie wir die Frage entscheiden – wir müssen an unserem Verhalten nichts Wesentliches ändern. Und können den Widerspruch zwischen unserem Selbstbild und der Realität ungestört weiter beschweigen.

Jetzt mal ehrlich: Der Weg zur Klima-Haltung

Wir wissen, was kommt. Wir wissen, wer dafür verantwortlich ist und was zu tun ist. Trotzdem wird die Lücke nicht kleiner, die zwischen unserem Wissen und unserem Handeln klafft. Dafür gibt es – neben den mehr oder weniger fadenscheinigen Ausflüchten, mit denen wir unsere Untätigkeit rechtfertigen – noch weitere Gründe: unsere Wahrnehmung von Vergangenheit und Zukunft und die Heiligsprechung unseres gegenwärtigen CO_2-intensiven Lebensstils. Die gute Nachricht zum Schluss: Wir können uns für Ehrlichkeit entscheiden und die Lücke zwischen Wissen und Handeln in unserem eigenen Leben kleiner machen. Denn wie wir leben (wollen), das haben wir selbst in der Hand.

Wo sind eigentlich Vergangenheit und Zukunft geblieben?

Seit Jahren, teilweise seit Jahrzehnten registrieren Forscher Umweltveränderungen, die auf die Klimaerwärmung zurückgehen und über die in den Medien berichtet wird: etwa die Ozeanversauerung und die Wüstenbildung. Sollte das nicht Grund genug sein, endlich aktiv zu werden? So einfach ist es leider nicht. Denn als Individuen nehmen wir schleichende Entwicklungen – vor allem in unserer unmittelbaren Umgebung – immer nur ausschnittsweise wahr. Das schwächt unsere Motivation zu handeln.

Beispiel »Verkehr«: Jeden Morgen und Abend rollen durch deutsche Innenstädte stinkende Blechlawinen (man nennt es auch Berufsverkehr). Noch vor einem Jahrhundert unvorstellbar, heute der Normalfall. Alle sind genervt, die Zeitungen berichten vom täglichen Baustellenchaos, und dann kommt auch noch das Umweltbundesamt und mahnt: Jedes Jahr sterben Tausende Menschen vorzeitig an giftigen Abgasen. Doch statt dass wir die Innenstädte für Autos sperren und uns den öffentlichen Raum zurückholen, passiert etwas anderes: Messdaten und Auswertungen werden angezweifelt, garniert mit einer gehörigen Portion Behörden- und EU-Feindlichkeit. Damit alles so bleiben kann, wie es ist. Nicht, wie es einmal war. Denn dass es in Zukunft ganz anders als heute sein könnte, wollen viele ebenso wenig wahrhaben wie die Tatsache, dass Innenstädte einmal etwas anderes waren als SUV-Showrooms: ruhiger nämlich, weniger gefährlich, lebenswerter.

»Shiftig baselines« machen katastrophale Entwicklungen akzeptabel

Umweltforscher bezeichnen das Phänomen, dass Verschlechterungen kaum als solche wahrgenommen werden, als *shifting baselines.* Damit ist eine sich kontinuierlich (und unbemerkt) verschiebende Nulllinie oder ein Referenzpunkt gemeint. Ursprünglich stammt das Konzept aus der Fischereiwirtschaft: In einer Studie befragten Wissenschaftler drei Generationen von Fischern an der kalifornischen Küste nach ihren Erfahrungen.[101] Welche Fischarten hatten sie gefangen? Die ältesten von ihnen konnten sich noch an elf Arten erinnern, die zum Zeitpunkt der Befragung aber schon fehlten. Den Jüngsten dagegen fielen nur zwei Arten ein, die verschwunden waren. Sie hatten also einen ganz anderen (nämlich viel weniger dramatischen) Begriff vom Ausmaß der Verschlechterung als die Großelterngeneration. Weil sie zu einem späteren Zeitpunkt angefangen hatten, ihren Beruf auszuüben, und die schon stark dezimierte Artenvielfalt als Bezugspunkt für ihre Bewertung nahmen. Die Artenarmut war einfach das »neue Normal«.

Diese Wahrnehmungsverzerrung ist bei jeder Art von schleichender Umweltveränderung im Spiel. Jüngere Menschen werden es kaum merkwürdig finden, dass an Autoscheinwerfern nach einer Autobahnfahrt keine Insekten mehr kleben. Ausgeräumte deutsche Landschaften mit Mais-Monokulturen sind heute ein ganz normaler Anblick. Eine fast flächendeckende Bestrahlung durch Elektrosmog und Ablenkung im Minutentakt durch aufmerksamkeitsfressende Apps ist für junge Menschen heute völlig normal. Und an häufigere Hitze- und Dürresommer werden sich die nachfolgenden Generationen gewöhnen. So trüben immer neu gesetzte Referenzpunkte unseren Blick auf das wirkliche Ausmaß der Veränderungen in unserer Umwelt.

Und übrigens auch auf Veränderungen unseres eigenen (umweltrelevanten) Verhaltens. Zum Beispiel ist es heute selbstverständlich, Dinge zu kaufen und nach kurzer Zeit wegzuwerfen. Wer in den Jahren nach dem Zweiten Weltkrieg aufgewachsen ist, kennt das noch ganz anders: In den Zeiten des Mangels wäre niemand auf die Idee gekommen, etwas wegzuwerfen, was noch gut war. 70 Jahre später erscheint uns die Verschwendung völlig normal: Die Deutschen werfen pro Jahr fast 7 Millionen Tonnen Nahrungsmittel[102] und mehr als 1 Million Tonnen Kleidungsstücke[103] weg.

Shifting baselines stehen damit dringend notwendigen Verhaltensänderungen im Weg: »Rasche Veränderungen der Wahrnehmung von dem, was natürlich ist, helfen zu erklären, warum die Gesellschaft dem schleichenden Verlust von Artenvielfalt indifferent gegenübersteht«, schlussfolgern die Forscher der kalifornischen Fischerei-Studie. Der subjektive Blick zurück bringt – leider – wenig Klarheit darüber, in welcher dramatischen Situation wir uns in der ersten Hälfte des 21. Jahrhunderts befinden.

Gleichzeitig trübt sich der Blick nach vorne ein. Also die Vorstellung von dem, was kommt – und was wir eigentlich wollen.

Wo ist nur die Zukunft hin?

Der Klimaforscher Hans Joachim Schellnhuber fragt seine Zuhörer gerne, ob sie es gerecht finden, dass es zukünftige Generationen – ihrer eigenen Einschätzung zufolge – schlechter gehen wird als ihnen selbst. Die Antwort ist: Nein. Und seine unausgesprochene Schlussfolgerung lautet: Wir Heutigen nehmen es durch unseren aufwendigen Lebensstil und unsere Untätigkeit beim Klimaschutz billigend in Kauf, dass andere – in diesem Fall Menschen, die nach uns die Erde bevölkern werden – schlechter dran sein werden, als wir es heute sind. Das nagt zum einen an unserem positiven Selbstbild: Leben wir nicht in einer der offensten und gerechtesten Gesellschaften, die es je irgendwo auf der Welt gab? Und pochen wir nicht regelmäßig mit überlegener Geste auf die Einhaltung von Menschenrechten in anderen Ländern?

Das Experiment zeigt noch etwas anderes: Uns ist die Zukunft abhandengekommen. Egal, wo auf der Welt Schellnhuber seine Fragen stellt – das Ergebnis ist dasselbe. »Zukunft«: Das war einmal das Land unbegrenzter Möglichkeiten, ein Tummelplatz von Ideen, das klang nach Freiheit und Kreativität. Mittlerweile, so scheint es, ist die Zukunft eher etwas wie ein ferner, schwer zugänglicher Gipfel: in Nebel gehüllt, abweisend, wenn nicht sogar bedrohlich. Man weiß nicht einmal genau, warum man dorthin aufbrechen sollte. Dieses kollektive Gefühl bestätigen auch Umfragen.

So zeigte sich in einer Studie der Deutschen Kinder- und Jugendstiftung:[104] 14- bis 24-Jährige sind nur zu knapp einem Viertel »uneingeschränkt zuversichtlich«, was ihre eigene Zukunft betrifft. Und immerhin 18 Prozent von ihnen sehen sie eher düster. Nach den Aussichten für die ganze Gesellschaft gefragt, sind die meisten noch weniger optimistisch: Nur 3 Prozent der Befragten waren »uneingeschränkt optimistisch«. Und zwei Drittel eher pessimistisch.

Tatsächlich scheint die Gesellschaft durch alle Altersgruppen wie gelähmt. Während die Polarisierung der politischen Gruppierungen zunimmt, Nationalismus und Populismus auf dem Vormarsch sind, die Vermüllung der Ozeane und die Klimaerwärmung voranschreiten – fällt uns zum Thema Zukunft nichts anderes ein als: »Irgendwie so wie heute. Aber digitaler, smarter – und *auf keinen Fall weniger.*« Und das soll alles sein? Wie wollen wir eigentlich leben? Wie könnte die offene, gerechte, ressourcenleichte Gesellschaft von morgen aussehen? Diese Fragen stellen gegenwärtig nur wenige – obwohl die Antworten auf der Hand liegen. Obwohl die Bauelemente dafür schon existieren.[105]

Statt gute Utopien und einen kreativen Umgang mit Zukunftsentwürfen zuzulassen, scheint eine Mehrheit der Deutschen und der Europäer darauf zu setzen, den Status quo mit Zähnen und Klauen zu verteidigen. Nicht nur gegen »radikale« Ökos und Wachstumskritiker. Sondern auch gegen Migranten.

Muss der »European way of life« verteidigt werden?

Die Klimaerwärmung gilt, wie bereits im Kapitel »Konflikte, Kriege und Migration« dargelegt, manchen Forschern als eine Ursache des Bürgerkriegs im Nahen Osten. Nachdem 2015 die ersten größeren Flüchtlingswellen an die Grenzen Europas brandeten, war die Reaktion zunächst eine Welle der Hilfsbereitschaft. Doch die ebbte bald ab. Deutsche Rüstungsexporte nach Syrien[106] waren demnach in Ordnung – aber Flüchtlinge im Gegenzug? Lieber nicht! Ähnliche Abschottungstendenzen, grundiert mit Nationalismus, Populismus und »Überfremdungsängsten« zeigen sich auch in anderen EU-Ländern. Statt sich endlich über die gerechte Verteilung von Flüchtlingen zu einigen, wird bis heute gefeilscht und blockiert. Und die EU-Kommissionspräsidentin, Ursula von der Leyen, gibt den Einwanderungskritikern auch noch recht: Nach ihrem Willen sollte der Arbeitsbereich des für Migration zuständigen Vizekommissars »Protecting our European Way of Life« heißen.[107]

»Unser« europäischer Lebensstil: Natürlich werden sich die Menschen in der Puszta und in der Normandie, auf Lampedusa ebenso wie auf Gotland die Frage stellen, was denn das eigentlich sein soll. Coffee to go? Einwegplastiktüten? Wegwerfklamotten aus Bangladesch? Lukrative Waffenexporte? Billigfleisch aus Turbo-Mast? Hyperkonsum und Energieverschwendung? Und all das muss wirklich gegen Migranten verteidigt werden? Sind mit dem griffigen Slogan mit dem anbiedernden Rechtsdrall, wie von der Leyen beteuert, wirklich nur »Menschenwürde«, »Freiheit« und »Demokratie« gemeint? Und für wen sollen diese Werte gelten: exklusiv für Europäer – oder für alle Menschen auf der Erde?

Moment mal: Wollen wir so weiterleben?

Der »European Way of Life«, das zeigt sich heute immer deutlicher, hat zu einem großen Teil mit Menschenwürde und Menschenrechten (für alle) überhaupt nichts zu tun. Im Gegenteil: Er beruht sogar auf der Ausbeutung von Mensch und Erde – in Europa, aber vor allem in anderen Weltgegenden; durch die Erderwärmung, die wir mit unserer Lebensweise zu verantworten haben, zwingen wir in den kommenden Jahrzehnten außerdem Millionen Menschen in äquatornahen und ärmeren Ländern der Welt in die Flucht. Wir sollten uns davor hüten, den »European Way of Life« vorschnell für verteidigungs- oder auch nur förderungswürdig zu erklären.

Sicher, wir handeln nicht mehr mit afrikanischen Sklaven, und die Besitzansprüche, mit denen die Europäer und die USA Afrika in Kolonien unter sich aufgeteilt hatten (übrigens auf der sogenannten Kongokonferenz in Berlin, im Jahr 1884/85), sind passé. Heute bedienen wir uns subtilerer Formen der Ausbeutung: Wir lagern durch globalisierte Produktion und weltumspannende Warenströme Risiken und Belastungen für Menschen (auch noch nicht geborene) und die ganze Biosphäre einfach aus: Wir profitieren von katastrophalen Arbeitsbedingungen in afrikanischen Kobaltminen, Ausbeutung im Akkord in Textilfabriken in Bangladesch und auf pestizidverseuchten Bananen- oder Teeplantagen, bis hin zu Unterdrückung, Gewalt und Kinderarbeit.

All das wäre in Deutschland völlig indiskutabel – ist aber eine nur selten hinterfragte Voraussetzung unseres Konsums und findet sich in Form von Produkten in jedem deutschen Haushalt. »Mit einer unglaublichen Verantwortungslosigkeit«, schreibt die Philosophin Hilal Sezgin, »muten wir Bewohner*innen der reicheren und mächtigeren Länder den anderen Weltgegenden und ihren Bewohnern Missstände zu, die wir bei uns niemals dulden würden, sowohl in arbeitsrechtlicher als auch in ökologischer Hinsicht – aber die Produkte dieser Missstände, die nehmen wir gerne!«[108] Für diese Form der Ausbeutung hat der Soziologe Stephan Lessenich den Begriff der »Externalisierungsgesellschaft« geprägt.

Was er damit meint, lässt sich am Beispiel der Auto-Mobilität gut erklären: Allein in Deutschland gibt es heute mehr Autos als auf dem ganzen afrikanischen Kontinent.[109] Die individuelle Mobilität mit dem Auto und die Industrie, die sie möglich macht, sind – zumindest in Deutschland – unantastbar. Von Webseiten, Werbetafeln und vom Fernsehbildschirm, aus Magazinen und Zeitungen springt uns großformatige Werbung an mit der Botschaft: »Das hier ist kein Auto – sondern cooler Lifestyle, absolut *cutting edge*. Dein Traumauto. Willst du haben. Damit bist du wer.« Unter dem Gesichtspunkt der Externalisierung allerdings entpuppt sich das Auto nicht nur als fragwürdiges Vehikel der Selbstüberhöhung – sondern als Umweltdebakel.

Da sind zunächst die Rohstoffe, teilweise auch Bauteile oder ganze Autos, die aus Übersee ungezählte Seemeilen transportiert werden, nicht zuletzt auch wegen der billigeren Arbeitsbedingungen im Ausland. Während der Benutzung des Autos entstehen immense Schäden: Menschen und ungezählte Tiere sterben im Straßenverkehr; ärmere Bürger, die an viel befahrenen Straßen wohnen müssen, sterben vorzeitig durch giftige Abgase; für immer mehr und immer größere Autos werden ohnehin knappe Flächen asphaltiert, werden Lebensräume für Tiere und Pflanzen unüberwindlich zerschnitten; jedes Auto verbrennt im Lauf seines Lebens Tausende Liter Öl, die unter Gefahren für die Umwelt gewonnen wurden und in Form von Emissionen dem Klima schaden. Und das nicht nur in Deutschland. Der Weltklimarat IPCC schätzt, dass im Vergleich zu 2010 im Jahr 2050 die

CO_2-Emissionen im globalen Verkehr um 70 Prozent ansteigen könnten. *Last but not least*: Bei der Verschrottung kommen weitere Umweltschäden hinzu.

Einer aktuellen Studie zufolge belaufen sich die gesamten externen Kosten des Verkehrs in Deutschland auf satte 149 Milliarden Euro jährlich – geldwerte Schäden, die stillschweigend auf alle umgelegt werden. Fast 95 Prozent davon entfallen auf den Straßenverkehr.[110] Das entspricht knapp der Hälfte des Bundeshaushalts im Bezugsjahr 2017.

Die systematische Auslagerung von Schäden, Risiken und Kosten ist kritischen Ökonomen zufolge die Grundlage einer »imperialen Lebensweise«, von der auch unsere Mobilität geprägt ist: »Das vorherrschende Mobilitätssystem (…) beruht darauf, dass diejenigen, die sich schnell fortbewegen oder stets auf Überseeprodukte zugreifen, dies auf Kosten anderer tun. Auf Kosten der Biosphäre, einkommensschwacher, jüngerer oder älterer Verkehrsteilnehmer*innen, zukünftiger Generationen und derjenigen im Globalen Süden, die schon jetzt die dadurch verursachten Klimafolgen zu spüren bekommen.«[111] Die menschengemachte Klimakrise ist dabei nur eines der hässlichen Nebenprodukte des modernen Imperialismus 2.0.

Der Soziologe Stephan Lessenich resümiert: »Wir leben gut, weil andere schlechter leben. Wir leben gut, weil wir *von* anderen leben – von dem, was andere leisten und erleiden, tun und erdulden, tragen und ertragen.«[112] Die Maxime des wirtschaftlichen Handelns in der Externalisierungsgesellschaft, so Lessenich, ist die pervertierte Form des Kant'schen kategorischen Imperativs:

»Was du nicht willst, dass man dir tu, das füg halt einem anderen zu.« Kurzum: Wer diese Art des Wirtschaftens – und den »European Way of Life«, der darauf gründet – schützenswert findet, müsste aufhören, von universellen Menschenrechten zu sprechen. Und sich zu globaler (Chancen-)Ungleichheit und Generationen-Ungerechtigkeit bekennen.

Tatsächlich aber will die EU-Kommissionspräsidentin diesen *way of life* mit 10 000 Frontex-Soldaten an »starken« EU-Außengrenzen verteidigen, gleichzeitig »Perspektiven in den Herkunftsländern verbessern« und dass alle EU-Länder bis 2050 »klimaneutral« werden.[113] Eine großartige, logische und moralische Inkonsistenz, die wir auch von der Bundesregierung kennen. Und, wenn wir ehrlich sind: auch aus unserem eigenen Leben.

Zwischenbilanz: Wer ist denn nun schuld? Und was hilft?

Offenbar befindet sich die Menschheit in einer verfahrenen Situation. Wissenschaftler erklären seit Jahrzehnten, dass wir uns auf einem lebensgefährlichen Kurs befinden. Der Grund dafür liegt auf der Hand: Wir wirtschaften zerstörerisch und preisen dieses Wirtschaften auch noch als allein seligmachend an – mit der Folge, dass zum Beispiel die Nachfrage nach Fleisch und Autos weltweit explodiert.

Jetzt, da der Meeresspiegel steigt und Dürren sich häufen, weisen sich die gesellschaftlichen Akteure gegenseitig die Verantwortung zu: Forderungen aus der Bevölkerung und vonseiten einiger Wissenschaftler prallen an den politisch Verantwortlichen ab: Um den Vorwurf der Gleichgültigkeit loszuwerden, leiten sie Veränderungen nur in homöopathischen Dosen in die Wege – gerade so viel, dass das Wirtschaftswachstum und die wichtigsten Wirtschaftszweige nicht gebremst werden. Auf der anderen Seite ermahnen sich die Verbraucher zu nachhaltigem, »moralischem« Konsum und zu Mäßigung – und gehen sich damit gegenseitig gehörig auf die Nerven. Und die Wirtschaft? Schafft neue Bedürfnisse, erschließt neue Märkte – und wächst. Für umweltschädliches Verhalten wird unterdessen weiterhin geworben, was das Zeug hält. Selbst das Rechtssystem erweist sich als zahnlos: Beliebig hohen privaten und öffentlichen CO_2-Emissionen ist mit juristischen Mitteln nicht beizukommen.

Der Soziologe Ulrich Beck beschreibt dieses Dilemma mit Blick auf die Landwirtschaft so: »Der Systeminterdependenz der hochspezialisierten Modernisierungsakteure in Wirtschaft, Landwirtschaft, Recht und Politik entspricht die Abwesenheit von isolierbaren Einzelursachen und Verantwortlichkeiten: Verseucht die Landwirtschaft den Boden, oder sind die Landwirte nur das schwächste Glied in der Kette der Schädigungskreisläufe? Sind sie vielleicht nur unselbstständige und untergeordnete Absatzmärkte der chemischen Futtermittel- und Düngemittel-Industrie (…)?«[114] Wissenschaft, Behörden und Politik sorgen, so Beck, ihrerseits dafür, dass »unbedenkliche« Gifte zum Einsatz kommen, dass Landwirte zunehmend auf Maschinen und Chemikalien angewiesen sind, um wirtschaftlich über die Runden zu kommen. Kurzum, »der hoch differenzierten Arbeitsteilung entspricht eine allgemeine Komplizenschaft und dieser eine allgemeine Verantwortungslosigkeit. Jeder ist Ursache *und* Wirkung und damit *Nicht*ursache. Die Ursachen verkrümeln sich in einer allgemeinen Wechselhaftigkeit von Akteuren und Bedingungen, Reaktionen und Gegenreaktionen.«[115]

Und damit nicht genug: In dieser anscheinend ausweglosen Situation versuchen manche auch noch, die Gefahr, der wir eigentlich entschlossen und geschlossen gegenübertreten müssten, zu verharmlosen. Säen Zweifel an ihrer Ursache und versuchen, unsere Verantwortung kleinzureden oder gleich ganz zu leugnen. Ist der Klimawandel am Ende tatsächlich das »perfekte« Problem, für das es keine Lösung gibt?

Fridays for Future und Extinction Rebellion: Bedeutet mehr Druck auch mehr Wirkung?

Immerhin: Es gibt Hoffnungsträger. Die paradoxe Leerstelle unserer kollektiven Untätigkeit füllt jetzt die Schwedin Greta Thunberg, zusammen mit der von ihr inspirierten Fridays-for-Future-Bewegung. Ihre Mobilisierung war grandios, eines der Argumente (»Ihr klaut uns unsere Zukunft«) unabweisbar. Doch wirklich revolutionäre Erfolge sind bislang ausgeblieben. Dass weitere Demonstrationen unter dem Motto »Ihr müsst endlich handeln!« mehr erzeugen werden als weitere Klimaschutzattrappen, ist zumindest fragwürdig. Das ist ein dramatischer Befund. Denn für einen Wandel durch aktive Umgestaltung von Wirtschaft und Gesellschaft (*change by design*) wird es langsam eng. Läuft also alles auf *change by desaster* hinaus? Muss die Menschheit erst gegen die Wand fahren? Arbeiten wir insgeheim an der Verwirklichung einer zynischen Utopie: dass sich *Homo sapiens* in der Schlacht um die letzten Lebensräume zuerst radikal dezimiert – um endlich zu lernen, auskömmlich mit dem zu leben, was die Erde hergibt?

Aber Moment mal – die Möglichkeiten des Protests sind ja noch nicht ausgeschöpft. So stellen sich die Mitglieder von Extinction Rebellion seit 2018 nicht nur mit bunten Bannern und Plakaten auf die Straße, sondern blockieren sie. Der zivile Ungehorsam sorgt für neuen Schwung und mediale Aufmerksamkeit. Doch während Fridays for Future mit seinen harmlosen Aufmärschen und Megafon-Durchsagen als konsensfähig gilt, erhitzt Extinction Rebellion die Gemüter. Vielen gehen die Aktionen an der Grenze zwischen »unbequem« und »strafbar« schon zu weit: Im Land der unbegrenzten Automobilität ist eine Straßenblockade eben nicht nur ein Eingriff in den Straßenverkehr, sondern für viele Autofahrer auch eine empfindliche Systemstörung. Und eine gefühlte Freiheitsberaubung. Damit stellen sich zwei Fragen: Lässt sich eine Polarisierung der Gesellschaft vermeiden? Und wirkt ziviler Ungehorsam? Zumindest zu der zweiten Frage gibt es eine Antwort aus der Wissenschaft.

Die amerikanische Politikwissenschaftlerin Erica Chenoweth hat Hunderte Protestbewegungen analysiert und kam zu dem Schluss: Um Veränderungen zu bewirken, müssen sich nur 3,5 Prozent der Bevölkerung eines Landes dem zivilen Ungehorsam anschließen.[116] Eine Zahl, die erstaunlich klein wirkt (und darum auch die Aktivisten von Extinction Rebellion inspiriert). Für Deutschland allerdings würde das bedeuten, dass fast

3 Millionen Menschen nicht nur auf die Straße gehen, sondern Straßen, Flughäfen, Fabriken und Kraftwerke, Shopping Malls und Internet-Portale blockieren. Denn das Ziel der Gruppe ist ja nicht der Kohleausstieg oder ein Verbot der Spaß-Fliegerei, sondern nicht weniger als ein Stopp des sechsten Massenaussterbens auf der Erde. Es kann also nur darum gehen, den Wohlstand, von dem so gut wie alle in diesem Land profitieren, komplett neu zu definieren: nämlich als ein Weniger-für-Alle. Zudem müssten die 3 Millionen Aktivisten auch noch bereit sein, für dieses Ideal ein vergleichsweise hohes persönliches Risiko einzugehen. Zum Beispiel verhaftet zu werden und eine Strafanzeige zu kassieren.

Beides, das Weniger-für-Alle und das individuelle Risiko, spricht gegen eine schnelle, breite und nachhaltige Mobilisierung. Hier zeigt sich wieder, wie wenig vergleichbar das Klimaproblem mit dem Ozonloch ist: FCKW lässt sich einfach ersetzen. Ein Lebensstil nicht so leicht. Zudem sind wir alle Verursacher und Betroffene zugleich. Das macht es unmöglich, für den Protest überhaupt einen passenden Adressaten zu finden.

Die Frage bleibt: Wer oder was ist schuld an der Erdübernutzung? Der Kapitalismus? Die Globalisierung? Das System? Oder, grundsätzlicher, die Selbstüberschätzung des Menschen, der Anthropozentrismus? Seine Loslösung von der Natur? Die wissenschaftlich-technologische Evolution? Oder steht am Anfang der Entwicklung, deren Endergebnis das Massensterben der Arten und die Klimakatastrophe ist, gar der Eintritt des menschlichen, rationalen Denkens in die Welt, wie der Philosoph Ludwig Klages vermutete?

Vermutlich hat all dies seinen Beitrag zu der Situation geleistet, in der wir uns heute befinden – ohne dass sich jeweils ein genauer Anteil bestimmen lässt. Doch selbst wenn das gelänge, brächte es uns nicht weiter. Denn wir können das Rad der Zeit nicht zurückdrehen. Das neuzeitliche, wissenschaftliche Denken, das die Natur in ein Ding verwandelte, ist ebenso in der Welt wie die Atombombe. Das Selbstbild des Menschen als Beherrscher und Vollender der Natur ist ebenso hartnäckig wie der moderne Mythos vom Ende der Geschichte in ewigem Wohlstand und Wachstum. Doch aus dieser verfahrenen Situation gibt es einen verblüffend einfachen Ausweg: *selbst anfangen.*

Alles hängt von dir ab!

Die Umstände jedenfalls sind günstig. Nie in der Geschichte waren – zumindest in den wohlhabenden Ländern – die individuellen Gestaltungsspielräume größer. Wir leben in einer beispiellos friedlichen Phase der Menschheit und genießen eine historisch nie dagewesene Freiheit und materielle Sicherheit. Jeder darf sein Leben leben, wie er möchte – und kann es selbstverständlich auch daran ausrichten, was der Globus, was die Erdatmosphäre verträgt. Einen sachlichen Grund zum Zögern gibt es nicht. »Nicht auf irgendwas warten!«, rät der Sozialpsychologe Harald Welzer. »Nicht auf die Abschaffung des Kapitalismus, nicht auf die Befreiung des globalen Südens, die Herstellung irdischer Gerechtigkeit oder sonst was. Solange wir in einer freien Gesellschaft leben, gibt es keinen Grund, zu warten.«[117] Warum warten trotzdem so viele?

Von einer möglichen Erklärung war noch nicht die Rede: Die globale Klimakatastrophe erinnert uns an unsere eigene Endlichkeit. Paradoxerweise könnte genau das der Grund sein, sich nicht mit ihr zu beschäftigen. Und das Falsche zu tun.

Was die Klimaerwärmung mit dem Tod gemeinsam hat

Verhungernde Eisbären, Slumbewohner, die buchstäblich weggeschwemmt werden, ausgetrocknete Erde, verdorrende Bäume: Das Klima-Thema wird in den Medien von einer Parade negativer, wenn nicht gar endzeitlicher Bilder eskortiert. Begleitet von ähnlich drastischen Texten, in denen von »tödlicher Hitze« oder vom »tödlichen Klimawandel« die Rede ist.

Solchen Botschaften sind zwei Dinge gemeinsam: Sie zeigen zum einen das unwiderrufliche Ende der Natur, wie wir sie kannten. Mit der wir uns verbunden, in der wir uns geborgen fühlten, die wir liebten. Und beschwören damit das Trauma eines existenziellen Verlusts. Zum anderen erinnern sie uns an unseren eigenen, unausweichlichen Tod. Beides ist schwer zu akzeptieren. Menschen neigen dazu, derart negative Gefühle zu verdrängen oder zu verleugnen.

Mit erstaunlichem Erfolg, wie der US-amerikanische Sozialanthropologe Ernest Becker gezeigt hat. Ihm zufolge verleitet uns die Furcht vor dem Tod dazu, an etwas zu arbeiten, was er das »immortality project« nennt. Dieses Projekt der Unsterblichkeit besteht im Wesentlichen darin, die offensichtliche Endlichkeit des physischen Körpers durch ein symbolisches Selbst zu überhöhen, um dem eigenen Dasein etwas Überzeitliches, einen bleibenden

Sinn zu verleihen. In seinem mit dem Pulitzer Preis ausgezeichneten Buch *The Denial of Death* (deutsch: *Die Überwindung der Todesfurcht*) stellt Becker Zivilisation, Wertesysteme, Religion und Kultur als Ergebnis unserer kollektiven und individuellen Arbeit am Unsterblichkeitsprojekt dar. Sobald wir an den Tod erinnert werden, so Becker, klammern wir uns an unser symbolisches Selbst – und verteidigen es. Mit paradoxen Folgen.

Denn die unterschwellige Konfrontation mit dem Tod kann genau die sozialen Werte und Mechanismen stärken, die ihrerseits die Klimakrise befeuern. Sie kann uns Beckers Ansicht nach dazu verleiten, die eigene soziale Gruppe für überlegen zu halten und Geld, Status und einem positiven Selbstbild mehr Aufmerksamkeit zu schenken.

Die unbewussten Todesassoziationen des Klimaproblems hält auch Janis L. Dickinson, Professorin an der Cornell University, für die einflussreichsten. Der Neurobiologin zufolge treiben sie nicht nur einen Großteil der Bevölkerung – unbeeindruckt von den Warnungen der Forscher – in einen Lebensstil, der von Statusdenken, hohem Konsum und hohen CO_2-Emissionen bestimmt ist. Sie sorgen zugleich für eine extreme Polarisierung der Gesellschaft: Wer Sorgen über die Umwelt teilt, wird sich durch Bilder von Naturzerstörung und »tödlichem Klimawandel« in seinen Werten bestärkt fühlen. Wer sie nicht teilt, wird sich abwenden und an seinem eigenen (klimaschädlichen) Unsterblichkeitsprojekt weiterarbeiten.[118] Der Streit zwischen Klimaleugnern und Überzeugten, ist sich Dickinson sicher, wird an Schärfe noch zunehmen.

Die Menschen in den entwickelten Ländern werden, so resümiert die Forscherin, allen Bemühungen um CO_2-Reduktionen widerstehen, den Schreckensszenarien der Klimaforschung zum Trotz. Denn der Klimawandel stellt zum einen ihr Selbstbild und ihre Werte infrage: ein Selbstbild, das nicht zuletzt auf Verschwendung von Ressourcen und Ausbeutung von Mensch und Natur in ärmeren Ländern beruht. Zum anderen setzt die Anspielung auf die Endlichkeit Verleugnungsmechanismen in Gang, die in diesem Kapitel bereits angesprochen wurden.[119]

Von der Leugnung zur Akzeptanz

Schon der erste Blick auf den Zusammenhang von Tod und Klimakrise macht deutlich: Für eine Veränderung im gesellschaftlichen Maßstab ist nicht noch mehr Experten-Fachwissen gefragt, brauchen wir nicht noch mehr Energiespartipps oder Regierungsbekenntnisse. Es müssen auch gesellschaftliche Tabus gebrochen werden. Eines davon ist das Sprechen über den Tod. Der US-amerikanische Umweltjournalist Richard Schiffman hat es trotzdem getan. Er fragte sich, worin genau eigentlich das Gemeinsame in unserem Umgang mit dem eigenen Tod und mit der Klimakrise liegt. Fündig geworden ist er bei der Sterbeforschung.

Die schweizerisch-US-amerikanische Psychiaterin Elisabeth Kübler-Ross hat in den Siebzigerjahren die Auseinandersetzung von Menschen mit ihrem eigenen Sterben in fünf Phasen unterteilt – von der Diagnose bis zum Ende. Schiffman zeigt, wie frappierend sie unserem Umgang mit der Klimakrise ähneln.[120] Wer die Diagnose »Krebs« hört, denkt zunächst: Das muss ein

Irrtum sein. Mir geht's doch gut. Der Einbruch des Undenkbaren in den Alltag, der drohende, ultimative Verlust provoziert Abwehr. Diese erste Phase der Trauer entspricht dem Leugnen der Klimaerwärmung in allen ihren Varianten. Eine Schockwelle geht durch den Stahlrumpf; die Titanic hat den Eisberg gerammt. Aber das Licht flackert gleich wieder auf – und die Kapelle spielt weiter.

In der zweiten Phase entsteht Wut, auf die eigene Krankheit, den Arzt, die Zigarettenindustrie. Oder, sofern das Klima betroffen ist: gierige Ölkonzerne, untätige Regierungen, die Maß- und Mutlosigkeit der Menschen. Auch Wut ist eine natürliche, sozusagen gesunde Reaktion. Sie lenkt allerdings vom eigentlichen Problem ab. Denn indem wir einen Schuldigen anprangern, verdrängen wir die Erkenntnis, dass *alle zusammen* das Problem sind: Nicht nur in den entwickelten Ländern sind so gut wie alle Menschen in die imperiale Lebensweise eingewoben.

In der dritten Phase beginnt das Schachern und Verhandeln. Ist nicht vielleicht noch ein bisschen mehr Lebenszeit möglich?, fragt sich der Krebskranke. Auch die Klimakrise, so Richard Schiffman, versuchen Menschen mit Deals und Tricks hinauszuzögern: Wir beginnen, Dinge zu recyceln, kaufen Bio-Lebensmittel und ein Elektroauto. Wir schrauben Solarmodule auf unsere Dächer. Wir glauben an die Energiewende und eine klimafreundliche Wirtschaft. Aber auch das wird uns nicht retten. Denn die Krise ist schon da. Kosmetik hilft jetzt nicht mehr. »Ihr müsst euer Leben ändern« ist jetzt, frei nach Rainer Maria Rilke, der verstörende Anspruch an die Menschen der wohlhabenden Nationen.

Die Phasen der Trauer durchläuft unsere Gesellschaft nicht nacheinander. Sie lassen sich gleichzeitig beobachten – in den Wahlprogrammen der AfD ebenso wie in den Protesten der Fridays-for-Future-Bewegung. Doch während sich die ersten drei Stufen in zahllosen Spielarten wiederfinden, spielt die vierte im öffentlichen Diskurs merkwürdigerweise kaum eine Rolle: Es ist die Trauer angesichts ausgestorbener oder dezimierter Tier- und Pflanzenarten, die Scham angesichts der Schäden, die wir schon angerichtet haben. Damit ist nicht gemeint, dass wir vor dem Fernsehapparat Bilder von schmelzenden Gletschern und sterbenden Korallenriffen (samt den fachlichen Kommentaren der Wissenschaftler) routiniert konsumieren und bedauern – um dann zu den Aussichten für die Wirtschaft überzugehen. Gemeint ist der Moment, in dem uns das Elend, das Leid und die Ungerechtigkeit, in die wir selbst verstrickt sind, ins Herz treffen. Der Moment, in dem genau das passiert, was wir durch Leugnen, Wut auf andere und Verhandeln bislang zu verhindern versucht haben.

Richard Schiffman erlebte diesen Moment in Südamerika: »Ich werde nie vergessen, wie ich über den Amazonas flog und auf ein endloses Schachbrett von Sojafeldern und isolierte Flecken von Regenwald hinabsah – etwas, das noch vor wenigen Jahren unzerschnittener Regenwald gewesen war –, als mir Tränen in die Augen stiegen. Der letzte große Regenwald der Erde wird zertrennt und aufgeteilt, um billiges Hamburger-Fleisch für die Fast-Food-Industrie zu produzieren.«[121]

Was eine so starke emotionale Reaktion hervorruft, ist individuell sehr unterschiedlich; mancher Spaziergänger im Wald wird vielleicht schon beim Anblick einer verdurstenden Buche tief berührt sein. Oder beim Gesang eines heute seltenen Vogels, der früher überall vorkam.

Dieses Gefühl zuzulassen und zu akzeptieren ist, wie Schiffman warnt, nicht leicht. Es ist die fünfte und letzte Phase des Trauerns. Wir müssen unsere angeborene, grenzenlose Liebe zum Leben und zum Natürlichen dabei ebenso anerkennen wie das tatsächliche, gigantische Ausmaß der Schäden und Schmerzen, die wir anderen Menschen und unserer natürlichen Umgebung schon zugefügt haben. Nur so, glaubt Schiffman, indem wir »den Schmerz umarmen«, sei Rettung noch möglich. Nicht in dem Sinn, dass wir etwa die Klimakrise noch aufhalten. Dafür ist es zu spät. Aber im Sinn von Abschiednehmen von der Natur, wie wir sie kennen – aber auch von ausbeuterischen Wirtschaftspraktiken und verschwenderischen Lebensstilen, von trügerischen Hoffnungen und Illusionen; etwas Neues entstehen lassen. »Rettung« im Sinne von Heilung und Wiedergutmachung.

Warum fällt es uns so schwer, einen solchen Schmerz zuzulassen? Auf diese Frage hat der US-amerikanische Umweltpsychologe Zhiwa Woodbury eine ungewöhnliche Antwort: Wir leiden an einem kollektiven Klimatrauma – ausgelöst durch das, »was wir dem Planeten antun«. Das Besondere an dieser seelischen und physischen Verletzung: Wir sind Opfer und Täter zugleich und sträuben uns, das Trauma als solches anzuerkennen. Genau das aber ist Woodbury zufolge der einzige Weg aus der Krise von Klima und Psyche: Denn »ein Trauma bezieht seine Macht aus der eigenen Unwilligkeit, es zu konfrontieren. Das dann doch zu tun, ist ein schmerzhafter Prozess, aber er ermächtigt einen zugleich.«[122]

Selbst die Veränderung sein

Der Dramatiker und Revolutionär Georg Büchner war im Juni 1833 ziemlich ernüchtert. In einem Brief an seine Familie schrieb er, »nur das notwendige Bedürfnis der großen Masse« könne »Umänderungen herbeiführen«. Mit »Umänderungen« meinte er nicht weniger als eine Revolution, die die politischen Verhältnisse in Deutschland auf den Kopf stellen sollte. Heute sind Unrecht, Unterdrückung und Ausbeutung – innerhalb unserer nationalen Grenzen – weitgehend abgeschafft. Wir leben in einer der fortschrittlichsten Demokratien der Welt. Was heute fehlt, ist das Eingeständnis, dass wir auf Kosten anderer leben.

Aber gibt es, nüchtern betrachtet, in puncto Erdübernutzung und Klima überhaupt ein »notwendiges Bedürfnis der großen Masse«? Nein – weder in Deutschland noch in den anderen wohlhabenden Gesellschaften des globalen Nordens. Der Konflikt zwischen Klima-Revolutionären und den Bewahrern des Status quo wird zwar an Schärfe zunehmen. Aber solange nicht katastrophale Ereignisse die Menschen zum Umdenken zwingen, wird die große Masse den eingeschlagenen Weg nicht verlassen. Die reichen Gesellschaften werden sich mit ihrem Lebensstil wohl noch ein paar Jahrzehnte über Wasser halten können, während sie gleichzeitig die Grenzen nach Süden hochrüsten.

Wie wäre es mit folgender Alternative: Wir – jeder Einzelne – fangen an, ehrlich zu sein, in den Spiegel zu schauen und festzustellen: Uns ergeht es wie dem Kaiser in Hans Christian Andersens Märchen, der sich in seiner Eitelkeit unsichtbare Kleider aufschwatzen lässt. Machen wir uns nichts vor: Nicht nur der Kaiser, wir sind selber nackt. Aus dieser Einsicht könnte eine Haltung entstehen, die ein ressourcenleichteres Leben ganz selbstverständlich mit sich bringt. Was für eine großartige Perspektive: Wir werden es dann nicht mehr nötig haben, mit Klima- und Umweltschutztipps unseren verschwenderischen Lebensstil grün zu waschen, weil wir wissen, was wir tun – und das auch verantworten können. Niemand sagt, dass es leicht ist, eine solche Haltung der Ehrlichkeit anzunehmen – und auch im Alltag zu bewahren. Aber es ist möglich.

Und woher soll dann die »Umänderung« kommen, die Georg Büchner sehen wollte, die wir heute beim Klima sehen wollen?

»Sei die Veränderung, die du in der Welt sehen möchtest!« Dieser Kalenderspruch wird gerne dem großen indischen Freiheitskämpfer Mahatma Gandhi zugeschrieben. Tatsächlich aber wurde er erst 1974 berühmt – durch Arleen Lorrance. Die amerikanische Erzieherin fühlte sich an ihrer Schule unwohl und realisierte erst nach Jahren des vergeblichen Kampfes gegen Institutionen, Umstände und Kollegen, dass *sie selbst* die Lösung war.[123] Mit einer liebevollen und offenen Einstellung veränderte sie alles.

Damit ist natürlich nicht gemeint, dass ein einzelner Mensch das Klima beeinflussen könnte. Dazu ist ein fundamentales, gesamtgesellschaftliches Umdenken erforderlich. Aber ein solcher gesellschaftlicher Schwung kann entstehen, wenn genügend Menschen sich der bitteren Wahrheit über das imperiale,

CO_2-intensive Leben stellen. Wenn sehr viel mehr Menschen als heute Veränderung nicht nur von anderen einfordern (was sie meist tun, ohne sich über die Konsequenzen für ihr eigenes Leben im Klaren zu sein), sondern *selbst* und aus einer tiefen Überzeugung heraus damit anfangen. Wenn, sagen wir, 3,5 Prozent der Bevölkerung ihre Klima-Haltung leben und auch als Bürgerinnen und Bürger zum Ausdruck bringen: im Wahllokal und auf der Straße.

Dass sich ein solcher gesellschaftlicher Wille bildet und seine Wirkung entfaltet, bevor wir die 2-Grad-Marke erreichen, ist nicht sehr wahrscheinlich – aber auch nicht unmöglich.

Sicher ist dagegen etwas anderes: Wer sich der Wahrheit stellt, Verantwortung nicht delegiert, sondern selbst übernimmt, gewinnt etwas. Nämlich das Gefühl, einer unentwirrbar komplexen Welt nicht ausgeliefert, sondern in ihr wirksam zu sein. Und die Chance, authentischer, rücksichtsvoller, bewusster, empathischer, moralisch weniger widerspruchsvoll, kurzum: entspannter zu leben. Es könnte ein Prozess sein, der die Möglichkeit eröffnet, sich mit der Natur zu versöhnen, also zu akzeptieren, was wir lange verdrängt haben: dass *wir selber Natur sind*. Wenn wir uns auf diesen Weg machen, könnten wir irgendwann von uns sagen: Wir haben nicht nur demonstriert und Kreuzchen gemacht, sondern wirklich etwas *getan*, unsere Handlungsspielräume genutzt.

Wir hätten dann auch eine bessere Antwort auf die Frage: Ihr wusstet doch alles – was habt ihr damals unternommen?

Literaturtipps

Beck, Ulrich: Risikogesellschaft. Auf dem Weg in eine andere Moderne. Frankfurt a. M. 1986, 22. Aufl. 2015.

Carstens, Peter: Klimafreundlich leben im Handumdrehen. München 2016.

I.L.A. Kollektiv: Auf Kosten anderer? Wie die imperiale Lebensweise ein gutes Leben für alle verhindert. München 2017.

Marshall, George: Don't Even Think About It. Why Our Brains Are Wired to Ignore Climate Change. New York/London 2014.

Paech, Niko: Befreiung vom Überfluss. Auf dem Weg in die Postwachstumsökonomie. München 2012.

Patel, Raj / Moore, Jason W.: Entwertung. Eine Geschichte der Welt in sieben billigen Dingen. Berlin 2018.

Schellnhuber, Hans Joachim: Selbstverbrennung. Die fatale Dreiecksbeziehung zwischen Klima, Mensch und Kohlenstoff. München 2015.

Schmidbauer, Wolfgang: Jetzt haben, später zahlen. Die seelischen Folgen der Konsumgesellschaft. Hamburg 1995.

Sezgin, Hilal: Nichtstun ist keine Lösung. Politische Verantwortung in Zeiten des Umbruchs. Köln 2017.

Welzer, Harald: Alles könnte anders sein. Eine Gesellschaftsutopie für freie Menschen. Frankfurt a. M. 2019.

Ders.: Selbst denken. Eine Anleitung zum Widerstand. Frankfurt a. M. 2013.

Nachweise

1 www.geo.de/natur/nachhaltigkeit/21475-rtkl-flugverkehr-massentrend-co2-kompensation-so-ernuechternd-sind-die

2 Laut Pressemitteilung des Kraftfahrt-Bundesamtes vom September 2019. (Die Zahlen für SUVs und Geländewagen zusammengenommen.) www.kba.de/DE/Presse/Pressemitteilungen/2019/Fahrzeugzulassungen/pm22_2019_n_09_19_pm_komplett.html

3 Es ist klar, dass manche Menschen (absichtlich oder unabsichtlich) klimafreundlicher leben als andere. Mit »wir« ist in diesem Buch gemeint: der theoretische, statistische Mittelwert-Bürger und -Konsument.

4 Im Folgenden ist der Einfachheit halber, wenn es nicht ausdrücklich um CO_2 geht, von CO_2-Äquivalenten (auch abgekürzt CO_2-e) die Rede. Das sind alle Klimagase zusammengenommen, umgerechnet auf die Klimaschädlichkeit von CO_2.

5 Wer wissen will, wo er oder sie selber steht: uba.CO_2-rechner.de/de_DE

6 Artikel 3: »Jeder hat das Recht auf Leben, Freiheit und Sicherheit der Person.«

7 »Der Staat schützt auch in Verantwortung für die künftigen Generationen die natürlichen Lebensgrundlagen und die Tiere im Rahmen der verfassungsmäßigen Ordnung durch die Gesetzgebung und nach Maßgabe von Gesetz und Recht durch die vollziehende Gewalt und die Rechtsprechung.«

8 »Gesetz zur Förderung der Stabilität und des Wachstums der Wirtschaft« von 1967.

9 Wie sonst ist es zu erklären, dass selbst Streiter für mehr Nachhaltigkeit Aufrufe zur Sparsamkeit belächeln und von »intelligenter Verschwendung« – so ein Buchtitel von Michael Braungart, dem Erfinder des »Cradle-to-Cradle«-Prinzips – schwärmen? Der Untertitel des Buches: *Auf dem Weg in eine neue Überflussgesellschaft*

10 Harald Welzer: *Selbst denken. Eine Anleitung zum Widerstand.* Frankfurt a. M. 2013

11 Wolfgang Schmidbauer: *Jetzt haben, später zahlen. Die seelischen Folgen der Konsumgesellschaft.* Hamburg 1995, S. 68f.

12 orca.cf.ac.uk/98660/7/EPCC.pdf

13 George Marshall: *Don't Even Think About It. Why Our Brains Are Wired to Ignore Climate Change.* New York/London 2014, S. 14f.

14 Weber, E. U., Sonka, S. (1994). »Production and pricing decisions in cash-crop farming: Effects of decision traits and climate change expectations«, in: *Farmers' Decision Making: A Descriptive Approach*, S. 203–218. European Association of Agricultural Economists. Kopenhagen 2014

15 www.nature.com/articles/nclimate1547

16 Lawrence C. Hamilton, Mary D. Stampone: »Blowin' in the wind: Short-term weather and belief in anthropogenic climate change«. *Weather, Climate, and Society*, 2013

17 Kreuzfahrt-Reedereien machen sich dieses Bedürfnis ihrer von Gewissensnöten geplagten Kunden zunutze und bieten neuerdings sogar an, sie zu »Botschaftern für den Umweltschutz« zu machen: www.spiegel.de/reise/aktuell/ms-roald-amundsen-nachhaltige-kreuzfahrt-geht-das-a-1275338.html. Vielleicht bieten Braunkohlekonzerne demnächst Bootcamps für Klimaaktivisten an?

18 www.geo.de/wissen/gesundheit/18160-rtkl-kognitive-dissonanz-warum-wir-uns-so-leicht-selbst-betruegen

19 Diese Spielart der Dissonanzreduktion beschrieb kein Kognitionspsychologe, sondern ein Dichter, Christian Morgenstern. In seinem Gedicht »Unmögliche Tatsache« wird Palmström, der Held des Poems, von einem Auto überfahren – um nach einem Studium der Rechtslage festzustellen, dass Autos in dieser Straße gar nicht fahren dürfen. Palmströms doppelt unmögliche Schlussfolgerung: Er muss geträumt haben. Er kann gar nicht tot sein – »weil nicht sein *kann*, was nicht sein *darf*«.

20 Marshall (2014), S. 91. Marshall lehnt den Ausdruck »perfektes« Problem ab, weil er Ausweglosigkeit suggeriert – und schlägt stattdessen *wicked problem* vor: »böses« oder »schlimmes« Problem.

21 orca.cf.ac.uk/98660/7/EPCC.pdf

22 Marshall (2014), S. 57

23 www.bbc.com/news/world-us-canada-49500642

24 www.youtube.com/watch?v=sqClSPWVnNE, ab Minute 50

25 www.theguardian.com/environment/climate-consensus-97-per-cent/2018/sep/19/shell-and-exxons-secret-1980s-climate-change-warnings

26 www.spiegel.de/spiegel/print/d-13519133.html

27 Hans Joachim Schellnhuber: *Selbstverbrennung. Die fatale Dreiecksbeziehung zwischen Klima, Mensch und Kohlenstoff.* München 2015, S. 83. Hervorhebung im Original.

28 Eine entscheidende Größe für den Temperaturanstieg ist die sogenannte Klimasensitivität. Das ist der Temperaturanstieg (gegenüber 1850), den eine Verdopplung der CO_2-Konzentration in der Atmosphäre zur Folge hat. Dieser Wert könnte bislang unterschätzt worden sein: www.sciencemag.org/news/2019/04/new-climate-models-predict-warming-surge

29 www.theguardian.com/environment/2019/may/18/climate-crisis-heat-is-on-global-heating-four-degrees-2100-change-way-we-live

30 www.pnas.org/content/116/19/9239

31 www.theguardian.com/environment/2019/feb/04/a-third-of-himalayan-ice-cap-doomed-finds-shocking-report

32 *Special Report on the Ocean and Cryosphere in a Changing Climate*: www.ipcc.ch/srocc/home

33 climate.nasa.gov/vital-signs/sea-level

34 Die Unsicherheiten beim Meeresspiegelanstieg sind groß; ein Expertenteam hält in einer aktuellen Analyse auch einen Anstieg um mehr als 2 Meter bis 2100 für möglich: www.pnas.org/content/116/23/11195

35 www.nature.com/articles/s41467-019-12808-z

36 www.ifpri.org/news-release/new-study-sea-level-rise-force-200000-migrate-bangladesh-coastal-areas

37 interactive.carbonbrief.org/can-great-barrier-reef-survive-climate-change

38 www.nature.com/articles/s41586-018-0158-3

39 www.ox.ac.uk/news/2018-07-27-heatwave-made-twice-likely-climate-change

40 Siehe den Weltbank-Report »Turn Down the Heat« (2012): documents.worldbank.org/curated/en/2012/11/17097815/turn-down-heat-4%C2%B0c-warmer-world-must-avoided

41 www.geo.de/natur/nachhaltigkeit/21735-rtkl-wald-im-klimastress-schon-wenige-grad-koennen-darueber-entscheiden

42 Bei einem Drittel aller untersuchten Wirbeltierarten stellten Forscher ein Schrumpfen von Populationen und/oder deren Verbreitungsgebiet fest: www.pnas.org/content/114/30/E6089

43 www.pnas.org/content/108/6/2306.short

44 www.frontiersin.org/articles/10.3389/fmars.2017.00158/full

45 www.afd.de/wahlprogramm

46 www.ipcc.ch/report/srccl

47 www.nature.com/articles/s41558-018-0253-3

48 www.pnas.org/content/112/11/3241

49 www.theguardian.com/commentisfree/2019/apr/06/us-mexico-immigration-climate-change-migration

50 Die Zahl bezieht sich ausschließlich auf drei Regionen: Lateinamerika, Afrika südlich der Sahara und das südliche Asien: openknowledge.worldbank.org/bitstream/handle/10986/29461/WBG_ClimateChange Final.pdf

51 www.carbonbrief.org/impact-climate-change-health-is-major-threat-21st-century

52 www.geo.de/natur/nachhaltigkeit/19353-rtkl-teufelskreis-wie-klimaanlagen-das-klima-aufheizen

53 journals.plos.org/plosntds/article?id=10.1371/journal.pntd.0007213

54 www.nature.com/articles/s41467-019-12499-6

55 www.sciencedirect.com/science/article/abs/pii/S0095069613001289

56 www.sueddeutsche.de/gesundheit/gesundheit-wie-der-klimawandel-auf-die-psyche-schlaegt-1.3954595

57 www.cbc.ca/radio/checkup/growing-ecological-grief-is-the-mental-health-cost-of-climate-change-1.4871666

58 www.livescience.com/17340-agu-climate-sensitivity-nasa-hansen.html

59 www.stockholmresilience.org/research/research-news/2018-08-06-planet-at-risk-of-heading-towards-hothouse-earth-state.html

60 Die Ergebnisse der Studie sind in eine interaktive Weltkarte eingeflossen, die die multiplen Bedrohungen unter verschiedenen Emissionsszenarien zeigt: maps.esri.com/MoraLab/CumulativeChange/index.html

61 »Existencial Climate-Related Security Risk«: www.breakthroughonline.org.au/papers

62 theecologist.org/2019/jan/03/its-nonlinearity-stupid

63 Wariaro, V. u.a. 2018. »Global Catastrophic Risks 2018, Stockholm«, Global Challenges Foundation, 24

64 www.fhi.ox.ac.uk/gcr-report.pdf

65 Die »Argumente« der Klimaleugner sollen hier nicht im Einzelnen aufgeführt werden. Einen guten Überblick bietet das Portal Klimafakten.de: www.klimafakten.de/behauptungen

66 www.afd.de/wahlprogramm

67 orca.cf.ac.uk/98660/7/EPCC.pdf

68 www.klimafakten.de/node/2045#lang

69 Ja, wirklich! Wer viel verdient, erzeugt nachweislich mehr Emissionen: www.geo.de/natur/nachhaltigkeit/14744-rtkl-green-living-wer-viel-verdient-schadet-der-umwelt-mehr

70 www.dlr.de/content/de/artikel/news/2019/04/20191216_fast-zehn-milliarden-flugpassagiere-im-jahr-2040.html

71 www.wuv.de/marketing/lufthansa_launcht_groesste_kampagne_der_unternehmensgeschichte

72 science.sciencemag.org/content/162/3859/1243

73 www.footprintnetwork.org/2019/05/02/deutscher-erduberlastungstag-am-3-mai-keine-trendwende-im-verbrauch-naturlicher-ressourcen-hierzulande-in-sicht

74 wikipedia.org/wiki/Stern-Report

75 feu-us.org/behind-the-climate-pledges3

76 *Stern* vom 26.09.2019, S. 57

77 Siehe Kapitel »Deutschland ist nur für 2 Prozent der globalen CO_2-Emissionen verantwortlich«, S. 70.

78 www.umweltbundesamt.de/umwelttipps-fuer-den-alltag/mobilitaet/flugreisen

79 thebulletin.org/doomsday-clock/current-time

80 www.zeit.de/wirtschaft/2012-04/rebound-effekt-energieeffizienz

81 Mehr Beispiele aus der Rubrik »Greenwashing«: klima-luegendetektor.de

82 www.stern.de/wirtschaft/news/niko-paech-im-interview--ueber-konsumaeffchen-und-vegane-vielflieger-7412006.html

83 Schellnhuber, a.a.O., S. 63

84 climateactiontracker.org/global/temperatures

85 www.scientists4Future.org/stellungnahme/stellungnahme-de

86 www.geo.de/natur/nachhaltigkeit/21441-rtkl-nachhaltig-leben-persoenliche-oekobilanz-diese-drei-dinge-sind

87 academic.oup.com/bioscience/article/67/12/1026/4605229

88 Die Wendung geht zurück auf Heinrich Heines Gedicht »Deutschland. Ein Wintermärchen« (1844).

89 www.faz.net/aktuell/gesellschaft/menschen/google-camp-mit-den-privatjets-zum-klimagipfel-16322374.html

90 www.cairn.info/revue-internationale-de-psychologie-sociale-2007-1-page-53.htm

91 Hilal Sezgin: *Nichtstun ist keine Lösung. Politische Verantwortung in Zeiten des Umbruchs*. Köln 2017, S. 28

92 www.nordbayern.de/region/der-flieger-fliegt-auch-ohne-mich-das-sagen-touristen-am-airport-1.9142667?offset=5#ancTitle

93 www.spiegel.de/lebenundlernen/schule/angela-merkel-bekraeftigt-lob-fuer-fridays-for-Future-a-1260875.html

94 www.tagesspiegel.de/politik/dokument-der-mutlosigkeit-massive-kritik-an-merkels-klimapaket/25039530.html

95 *Stern* vom 19.09.2019, S. 43

96 climatecommunication.yale.edu/publications/climate-spiral-silence-america

97 Mehr als die Hälfte des nationalen Exportvolumens machten im Jahr 2018 Öl und Gas aus.

98 Kari Norgaard: *Living in Denial: Climate Change, Emotions, and Everyday Life*. MIT Press 2011

99 Der Fairness halber sei noch ergänzt, dass Norwegen sich seit einigen Jahren sukzessive aus dem Geschäft mit dem Öl zurückziehen möchte. Der Widerspruch zwischen Selbstbild und Realität scheint also zunehmend anerkannt zu werden. Allerdings sind es auch rein ökonomische Bedenken, die das Öl-Land aus den fossilen Geschäften treiben. Denn es besteht immerhin Gefahr, dass eine restriktivere internationale Klimapolitik die lukrative Einnahmequelle schon bald versiegen lassen könnte.

100 Stanley Cohen: *States of Denial: Knowing about Atrocities and Suffering*. Cambridge 2001, S. 5

101 www.ncbi.nlm.nih.gov/pmc/articles/PMC1559885

102 www.uni-stuttgart.de/universitaet/aktuelles/presseinfo/Neue-Forschungsergebnisse-der-Universitaet-Stuttgart-zu-Lebensmittelabfaellen

103 fairwertung.de/blog/blog.21/index.html

104 www.dkjs.de/Futureready

105 Genau diese Leerstelle füllt der Soziologe Harald Welzer mit seinem Buch *Alles könnte anders sein. Eine Gesellschaftsutopie für freie Menschen*. Frankfurt a. M. 2019

106 www.aufschrei-waffenhandel.de/daten-fakten/empfaengerlaender/syrien

107 www.nzz.ch/international/european-way-of-life-oder-wie-sich-von-der-leyens-wolkige-sprache-als-bumerang-entpuppt-ld.1508279 Von der Leyen hat den Titel des Zuständigkeitsbereichs nach Protesten kurz vor Amtsantritt abgewandelt in »*Promoting* the European Way of Life«, zu deutsch »Fördern, was Europa ausmacht«.

108 Sezgin 2017 S. 75f.

109 Diese und weitere Angaben zur Mobilität im Folgenden: I.L.A. Kollektiv: *Auf Kosten anderer? Wie die imperiale Lebensweise ein gutes Leben für alle verhindert*. München 2017, S. 77ff.

110 www.allianz-pro-schiene.de/presse/pressemitteilungen/folgekosten-des-verkehrs

111 I.L.A. Kollektiv, a.a.O., S. 78

112 Stephan Lessenich: *Neben uns die Sintflut. Die Externalisierungsgesellschaft und ihr Preis*. Berlin 2016, S. 25

113 ec.europa.eu/commission/sites/beta-political/files/political-guidelines-next-commission de.pdf

114 Ulrich Beck: *Risikogesellschaft. Auf dem Weg in eine andere Moderne*. Frankfurt a. M. 1986, 22. Aufl. 2015, S. 42f.

115 Ebenda, S. 43, Hervorhebung im Original

116 www.bbc.com/Future/article/20190513-it-only-takes-35-of-people-to-change-the-world

117 www.geo.de/natur/nachhaltigkeit/21948-rtkl-harald-welzer-im-interview-warum-wir-mehr-utopie-wagen-sollten

118 www.ecologyandsociety.org/vol14/iss1/art34

119 news.cornell.edu/stories/2010/01/climate-change-threatens-our-inner-and-outer-lives

120 www.naturallifemagazine.com/1304/five-stages-of-environmental-grief.htm

121 Richard Schiffman 2013 (siehe Anm. 120)

122 www.psychologie-heute.de/gesellschaft/39988-was-wir-dem-planeten-antun.html

123 quoteinvestigator.com/2017/10/23/be-change/#return-note-17089-1

Über den Autor

Peter Carstens ist Redakteur für Nachhaltigkeit und Klima beim Online-Portal des GEO Magazins. Er beobachtet seit Jahren die öffentliche Diskussion zur Klimakrise – und wie sich die Verantwortlichen gegenseitig den Ball zuspielen. Das vorliegende Buch ist der Versuch, den Einzelnen in den Blick zu nehmen: nicht als »kritischer Konsument«, sondern als kleinste Einheit eines ausbeuterischen und zerstörerischen Gesellschaftsentwurfs – und als Akteur und Keimzelle des notwendigen Wandels.